오늘부터 한 줄 스페인어

¡Ánimo!

¡Vamos!

– 신승 지음 –

ECK Books

오늘부터
한 줄 스페인어

초판인쇄 2021년 12월 6일
초판 3쇄 2024년 12월 1일

지은이 신 승
펴낸이 임승빈
펴낸곳 ECK북스
출판사 등록번호 제 2020-000303호
출판사 등록일자 2000. 2. 15
주소 서울시 마포구 창전로2길 27 [04098]
대표전화 02-733-9950 | **이메일** eck@eckedu.com

제작총괄 염경용
편집책임 정유항, 김하진 | **편집진행** 이승연 | **디자인** 다원기획
마케팅 이서빈, 신신애 | **영업** 이동민, 김미선 | **인쇄** 북토리

* ECK북스는 (주)이씨케이교육의 도서출판 브랜드로, 외국어 교재를 전문으로 출판합니다.
* 이 책의 모든 내용, 디자인, 이미지 및 구성의 저작권은 ECK북스에 있습니다.
* 출판사와 저자의 사전 허가 없이 이 책의 일부 또는 전부를 복제, 전재, 발췌하면 법적 제재를 받을 수 있습니다.
* 잘못된 책은 구입하신 서점에서 교환해 드립니다.

ISBN 979-11-91132-94-6
정가 15,000원

ECK교육 | 세상의 모든 언어를 담다

기업출강 · 전화외국어 · 비대면교육 · 온라인강좌 · 교재출판 · 통번역센터 · 평가센터

ECK교육 www.eckedu.com
ECK온라인강좌 www.eckonline.kr
ECK북스 www.eckbook.com

유튜브 www.youtube.com/@eck7687
네이버 블로그 blog.naver.com/eckedu
페이스북 www.facebook.com/ECKedu.main
인스타그램 @eck__official

머리말

스페인어는 중남미의 22개국 외에도 여러 나라에서 일상생활 깊숙이 자리 잡고 있는 언어입니다. 미국에서도 스페인어를 필수 외국어로 인식하고 있는 만큼 각국의 스페인어에 관한 관심과 중요도는 날이 갈수록 높아지고 있습니다.

스페인어의 알파벳은 영어와 닮은 점이 많고 발음 또한 쉬운 편이라서 부담 없이 쉽게 배울 수 있는 언어라는 생각을 많이 하게 됩니다. 그러나 스페인어 역시 하나의 외국어이기 때문에 복잡한 동사 변화형과 스페인어만의 독특한 문법 구조를 접하게 되면 처음 생각과 다르게 중도 포기하는 경우가 많습니다.

『오늘부터 한 줄 스페인어』는 스페인어를 처음 접하는 학습자들에게 누구나 쉽고 재미있게 공부할 수 있도록 최대한 간단하면서 꼭 필요한 표현들로만 구성했습니다. 문법 내용은 초보자 입장에서 부담되는 학습 내용인 점을 감안하여 학습에 필요한 필수적인 요소들을 제외하고는 최소화했습니다. 또한, 한글 발음을 함께 표기하여 좀 더 빠르게 따라 읽을 수 있도록 준비했습니다.

『오늘부터 한 줄 스페인어』를 집필하기까지 많은 분들의 도움이 있었습니다. 특히, 이 책의 출판 기회를 주신 ECK교육 임승빈 대표님께 감사의 말씀을 전합니다. 아울러 늘 좋은 아이디어와 많은 조언을 주시며 더 나은 교재가 될 수 있도록 꼼꼼히 편집해 주신 이승연 실장님과 정유항 과장님, 김하진 매니저님께도 감사의 인사를 드립니다. 바쁜 와중에도 녹음 작업에 흔쾌히 참여해 주신 Adrián 선생님, 늘 저의 에너지를 채워주는 제자들과 가족들, 마지막으로 항상 일에 매달려 바쁘게 움직이는 저를 도와주고 격려해 주며 아낌없는 응원을 보내주는 사랑하는 남편에게 고마움을 표합니다.

저자 **신 승**

이 책의 **구성과 특징**

잠깐! 예비과

본 학습에 들어가기 전 반드시 먼저 숙지해야 할 스페인어의 알파벳과 발음, 문장 부호 표기 방법 등을 알아봅니다.

알파벳	명칭
A a	[a] 아
	[be] 베
C c	[ce] 쎄
D d	[de] 데
* E e	[e] 에
F f	[efe] 에페
G g	[ge] 헤
H h	[hache] 아체
* I i	[i] 이

무조건 외우자!

스페인어의 인칭대명사와 중성 지시대명사, 숫자 등을 알아봅니다. 미리 외워두면 스페인어가 더 쉬워집니다.

	단수
1인칭	**Yo** [요] 나
2인칭	**Tú** [뚜] 너
3인칭	**Él / Ella / Usted** [엘] [에야] [우스뗃] 그 / 그녀 / 당신

MP3 녹음을 함께 들으며
원어민 발음을 익혀 봅니다.

주제와 관련된 다
양한 응용 표현들
을 익혀 봅니다.

각 주제별 핵심 표현
을 설명과 함께 알아
봅니다.

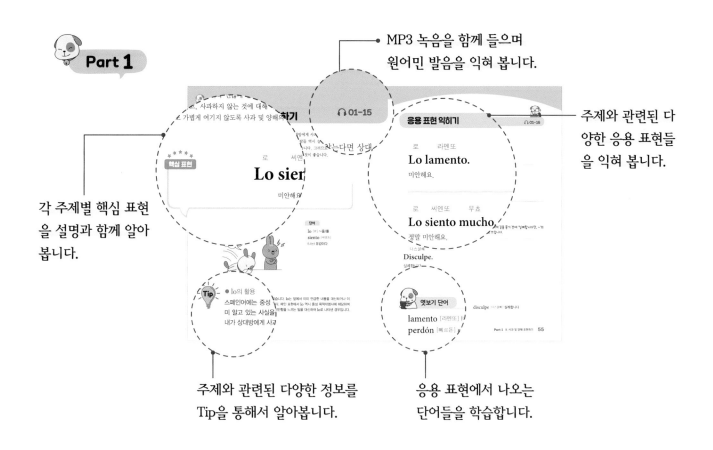

주제와 관련된 다양한 정보를
Tip을 통해서 알아봅니다.

응용 표현에서 나오는
단어들을 학습합니다.

스페인에 관한 다
양한 궁금증을 풀
어보고 일상생활에
서 필요한 여러 가
지 정보들을 알아
봅니다.

앞에서 학습한 표현
들을 빈칸 채우기를
통해서 다시 복습해
봅니다.

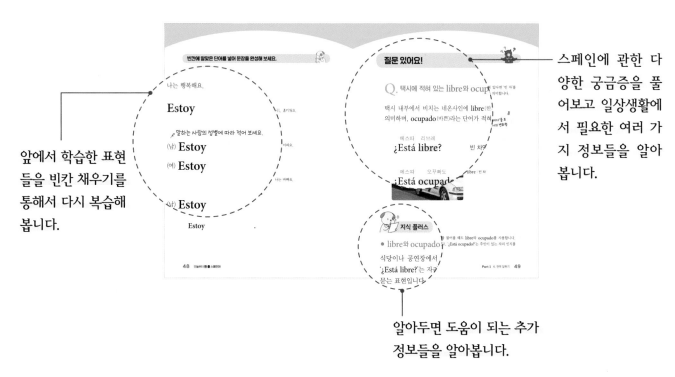

알아두면 도움이 되는 추가
정보들을 알아봅니다.

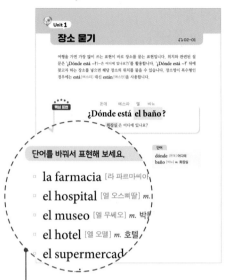

핵심 표현에서 대체 가능한 단어
들을 대입시켜 다양한 표현을 익
혀 봅니다.

간단한 회화가 가능하도록 학습한
응용 표현으로 다양한 응답 표현
을 알아봅니다.

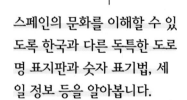

스페인의 문화를 이해할 수 있
도록 한국과 다른 독특한 도로
명 표지판과 숫자 표기법, 세
일 정보 등을 알아봅니다.

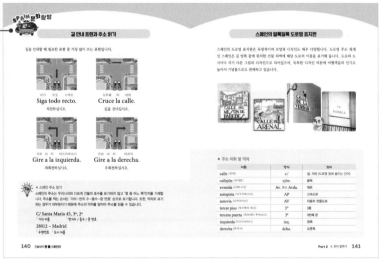

MP3 다운로드 방법

본 교재의 MP3 파일은 www.eckbooks.kr에서 무료로 다운로드 받을 수 있습니다.
QR 코드를 찍으면 다운로드 페이지로 이동합니다.

목 차

- 머리말 · 03

- 이 책의 구성과 특징 · 04

- 잠깐! 예비과 · 11

- 무조건 외우자! · 19

Part 1 필수 표현 익히기

Unit 1. **인사하기 1 (기본 표현)** · 26

Unit 2. **인사하기 2 (만났을 때)** · 30

Unit 3. **인사하기 3 (헤어질 때)** · 34

Unit 4. **자기소개하기** · 38

Unit 5. **안부 묻기** · 42

Unit 6. **안부 답하기** · 46

Unit 7. **감사함 표현하기** · 50

Unit 8. **사과 및 양해 표현하기** · 54

Unit 9. **질문하기** · 58

Unit 10. **요청하기** · 62

Unit 11. **기본 응답하기** · 66

Unit 12. **감탄사로 표현하기** · 70

Unit 13. **칭찬하기** · 74

Unit 14. **상태 표현하기** · 78

Unit 15. **격려하기** · 82

Unit 16. **주의, 경고하기** · 86

Unit 17. **약속하기** · 90

Unit 18. **초대하기** · 94

Unit 19. **승낙하기** · 98

Unit 20. **거절하기** · 102

Unit 21. **취미 말하기** · 106

Unit 22. **날씨 표현하기** · 110

Unit 23. **날짜 & 요일 표현하기** · 114

Unit 24. **축하하기** · 118

Part 2   생활 표현 익히기

Unit 1.   **장소 묻기** • 124

Unit 2.   **상점 찾기** • 128

Unit 3.   **길 묻기** • 132

Unit 4.   **위치 말하기** • 136

SPAIN 문화탐방 • 140

길 안내 표현과 주소 읽기,
스페인의 알록달록 도로명 표지판

Unit 5.   **버스/기차표 구입하기** • 142

Unit 6.   **대중교통 이용하기** • 146

Unit 7.   **렌터카 이용하기** • 150

Unit 8.   **시작과 끝 질문하기** • 154

SPAIN 문화탐방 • 158

스페인의 대중교통

Unit 9.   **물건 찾기** • 160

Unit 10.   **쇼핑하기** • 164

Unit 11.   **계산하기** • 168

Unit 12.   **교환 및 환불하기** • 172

SPAIN 문화탐방 • 176

스페인의 화폐와 숫자 표기법,
스페인의 바겐세일

Unit 13.   **음식점 이용하기** • 178

Unit 14.   **주문하기** • 182

Unit 15.   **추가 요청하기** • 186

Unit 16.   **패스트푸드점 &**

카페 이용하기 • 190

SPAIN 문화탐방 • 194

스페인의 독특한 메뉴판,
스페인의 추천 음식

Unit 17.   **관광 안내소 이용하기** • 196

Unit 18.   **관광하기** • 200

Unit 19. **호텔 체크인/아웃 하기** • 204

Unit 20. **호텔 이용하기** • 208

SPAIN 문화탐방 • 212
스페인의 특별한 숙박시설과 장소

Unit 21. **병원 & 약국 이용하기** • 214

Unit 22. **위급상황 표현하기** • 218

Unit 23. **항공사 카운터 이용하기** • 222

Unit 24. **공항 이용하기** • 226

SPAIN 문화탐방 • 230
스페인의 약국,
긴급 상황 대처법

1. 알파벳과 발음

2. 기본 어순

3. 강세

4. 문장 부호

5. 남성 명사, 여성 명사 약어

잠깐!

예비과

① 알파벳과 발음

■ 알파벳

🎧 00-01

스페인어의 알파벳은 영어의 알파벳과 거의 비슷하며, 생소한 Ñ, ñ[에녜]를 포함하여 모음 5자, 자음 22자, 총 27자로 구성되어 있습니다.

알파벳	명칭	알파벳	명칭
＊A a	[a] 아	Ñ ñ	[eñe] 에녜
B b	[be] 베	＊O o	[o] 오
C c	[ce] 쎄	P p	[pe] 뻬
D d	[de] 데	Q q	[cu] 꾸
＊E e	[e] 에	R r	[ere] 에레
F f	[efe] 에페	S s	[ese] 에세
G g	[ge] 헤	T t	[te] 떼
H h	[hache] 아체	＊U u	[u] 우
＊I i	[i] 이	V v	[uve] 우베
J j	[jota] 호따	W w	[uve doble] 우베 도블레
K k	[ka] 까	X x	[equis] 에끼스
L l	[ele] 엘레	Y y	[ye] 예
M m	[eme] 에메	Z z	[zeta] 쎄따
N n	[ene] 에네	▨ : 자음　▨ : 모음	

■ 발음

① 모음(5자)

🎧 00-02

5개의 모음(a, e, i, o, u) 중에는 강모음(a, e, o)과 약모음(i, u)이 있습니다.

알파벳		발음
A a	아	한국어의 [ㅏ] 발음이 납니다. agua [아구아] 물 　　　　agua [아구아] 물
E e	에	한국어의 [ㅔ] 발음이 납니다. euro [에우로] 유로 　　　　edificio [에디피씨오] 건물
I i	이	한국어의 [ㅣ] 발음이 납니다. idea [이데아] 생각 　　　　inglés [잉글레쓰] 영어
O o	오	한국어의 [ㅗ] 발음이 납니다. otro [오뜨로] 다른 　　　　ocho [오쵸] 8 (숫자)
U u	우	한국어의 [ㅜ] 발음이 납니다. universidad [우니베르씨닫] 대학교 　　uno [우노] 1 (숫자)

② 자음(22자)

🎧 00-03

알파벳		발음
B b	베	한국어의 [ㅂ] 발음이 납니다. banco [방꼬] 은행 　　　　blusa [블루사] 블라우스
C c	쎄	1. 한국어의 [ㄲ] 발음이 납니다. (ca [까], co [꼬], cu [꾸]) 　Corea [꼬레아] 한국 　　　　cuenta [꾸엔따] 계산서 2. 한국어의 [ㅆ] 발음이 납니다. (ce [쎄], ci [씨]) 　cena [쎄나] 저녁 식사 　　　　ciudad [씨우닫] 도시 * 스페인에서는 [θ] 발음을, 중남미에서는 [ㅆ] 발음을 냅니다. 　ce, ci → θ에, θ이 (스페인) / 쎄, 씨 (중남미)
D d	데	한국어의 [ㄷ] 발음이 납니다. dinero [디네로] 돈 　　　　descuento [데스꾸엔또] 할인

F f	에페	한국어의 [ㅍ] 발음이 납니다. 영어에서의 [f] 발음과 동일합니다. **farmacia** [파르마씨아] 약국　　　　**feliz** [펠리쓰] 행복한
G g	헤	1. 한국어의 [ㄱ] 발음이 납니다. (ga [가], go [고], gu [구]) 　　**grande** [그란데] 큰　　　　**gusto** [구스또] 맛, 기호 2. 한국어의 [ㅎ] 발음이 납니다. (ge [헤], gi [히]) 　　**gigante** [히간떼] 거인　　　　**gente** [헨떼] 사람들 ＊ 독특한 발음이 나기도 합니다. 　　gue [게]　　gui [기]　　güe [구에]　　güi [구이]
H h	아체	묵음 (소리내지 않음) **hielo** [이엘로] 얼음　　　　**hola** [올라] 안녕 (인사 표현)
J j	호따	한국어의 강한 [ㅎ] 발음이 납니다. **mujer** [무헤르] 여자　　　　**jamón** [하몬] 하몽 (스페인식 생햄)
K k	까	한국어의 [ㄲ] 발음이 납니다. **kiwi** [끼위] 키위　　　　**kilogramo** [낄로그라모] 킬로그램 (kg) ＊ 이 철자는 일반적으로 '외래어' 외에는 거의 사용되지 않는 철자입니다.
L l	엘레	한국어의 [ㄹ] 발음이 납니다. **libro** [리브로] 책　　　　**leche** [레체] 우유 ＊ 'll'의 경우 'lla [야], lle [예], lli [이], llo [요], llu [유]'로 발음합니다. 　　lluvia [유비아] 비　　　　llave [야베] 열쇠
M m	에메	한국어의 [ㅁ] 발음이 납니다. **amigo** [아미고] 남자 친구　　　　**mesa** [메사] 탁자
N n	에네	한국어의 [ㄴ] 발음이 납니다. **noche** [노체] 밤　　　　**nombre** [놈브레] 이름
Ñ ñ	에녜	한국어의 [ㄴ] 발음이 납니다. 모음과 만나면 이중모음으로 발음합니다. (ña [냐], ñe [녜], ñi [니], ño [뇨], ñu [뉴]) **mañana** [마냐나] 아침, 내일　　　　**español** [에스빠뇰] 스페인어

P p	뻬	한국어의 [ㅃ] 발음이 납니다. parada[빠라다] 정류장 　　　　　pescado[뻬스까도] 생선
Q q	꾸	한국어의 [께, 끼] 2가지 발음만 있습니다. (que[께], qui[끼]) queso[께소] 치즈 　　　　　quiosco[끼오스꼬] 가판대
R r	에레	한국어의 [ㄹ] 발음이 납니다. aroma[아로마] 향기 　　　　　precio[쁘레씨오] 가격 * 단어의 첫 글자에 오거나, 단어 중간에 '–rr–'로 오는 경우는 굴리는 [ㄹ]로 발음합니다. 　perro[뻬ㄹ로] 강아지 　　rosa[ㄹ로사] 장미
S s	에쎄	한국어의 [ㅅ]과 [ㅆ] 사이의 중간 발음이 납니다. sombrero[쏨브레로] 모자 　　　　　señorita[쎄뇨리따] 아가씨
T t	떼	한국어의 [ㄸ] 발음이 납니다. toalla[또아야] 수건 　　　　　tarjeta[따르헤따] 카드
V v	우베	한국어의 [ㅂ] 발음이 납니다. (B 발음과 동일합니다.) verde[베르데] 초록색 　　　　　viaje[비아헤] 여행
W w	우베 도블레	이 철자는 '외래어'에만 쓰이며, 본래 발음대로 발음됩니다. web[웹] 웹사이트 　　　　　whisky[위스끼] 위스키
X x	에끼스	한국어의 [ㅆ] 발음이 납니다. xilófono[씰로포노] 실로폰 * 모음 뒤에 오는 경우에는 모음 발음에 [ㄱ] 받침을 함께 넣어 발음하고, 일부 지명이나 국명에서는 [ㅎ] 발음을 갖기도 합니다. 　taxi[딱씨] 택시 　　　　México[메히꼬] 멕시코
Y y	예	한국어의 [이] 발음이 납니다. 모음과 만나면 이중모음으로 발음합니다. (ya[야], ye[예], yi[이], yo[요], yu[유]) ayer[아예르] 어제 　　　　　yo[요] 나
Z z	쎄따	스페인에서는 [θ] 발음을, 중남미에서는 [ㅆ] 발음을 냅니다. zumo[쑤모] 주스 　　　　　azúcar[아쑤까르] 설탕

② 기본 어순

스페인어 문장의 어순은 한국어와 다릅니다.

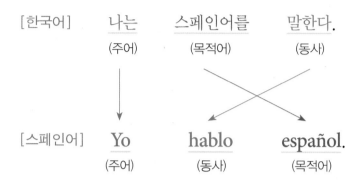

③ 강세

● 스페인어는 모든 단어에 강세가 있으며, 해당 모음은 강하게 그리고 살짝 높여서 읽습니다.

(1) 단어 끝이 모음 또는 자음인 **n, s**로 끝나는 단어는 <u>끝에서 두 번째 모음에 강세</u>가 옵니다.

casa [까싸] 집   **pantalones** [빤딸로네스] 바지   **joven** [호벤] 젊은이

(2) 단어 끝이 **n**과 **s**를 제외한 나머지 자음으로 끝나는 단어는 <u>끝에서 첫 번째 모음에 강세</u>가 옵니다.

Madrid [마드릳] 마드리드   **hotel** [오뗄] 호텔   **amor** [아모르] 사랑

(3) 위의 규칙에서 예외가 되는 단어에는 강세 표시가 되어 있습니다.

sofá [쏘파] 소파   **móvil** [모빌] 휴대폰   **café** [까페] 커피

④ 문장 부호

스페인어는 의문문과 감탄문을 쓸 때, 문장의 맨 앞과 맨 뒤에 문장 부호를 사용합니다. 문장 맨 앞에는 거꾸로 된 물음표(¿) 또는 느낌표(¡)를 쓰고, 문장 맨 뒤에는 일반적으로 사용하는 물음표(?)와 느낌표(!)를 씁니다.

¡Hola! [올라] 안녕!

¿Qué tal? [께 딸] 어떻게 지내?

⑤ 남성 명사, 여성 명사 약어

스페인어 명사는 '남성 명사, 여성 명사, 양성 명사'로 구분되어 있습니다. 이러한 점은 명사의 앞에 올 수 있는 관사나 명사를 꾸며주는 형용사 등에 영향을 주기 때문에 스페인어를 공부할 때는 명사의 뜻과 함께 성(性)도 알아두어야 합니다. 따라서, 명사에 대한 내용을 정리할 때 단어 앞에 관사를 함께 표기하거나 약어를 기재하여 그 성(性)을 구분할 수 있게 하는 경우가 많습니다.

남성 명사 앞 : masculino [마스꿀리노]　　　(남성의)　→ *m.*

여성 명사 앞 : femenino [페메니노]　　　　(여성의)　→ *f.*

coreana [꼬레아나] *f.* 한국 여자

gusto [구스또] *m.* 기쁨, 즐거움

estudiante [에스뚜디안떼] *m. f.* 학생

¡Ánimo!

1. 인칭대명사

2. 중성 지시대명사

3. 숫자 (1~10)

4. 달, 월

5. 요일

무조건
외우자!

1 인칭대명사

● 스페인어에서 문장의 주어가 되는 주격 인칭대명사는 다음과 같습니다.

	단수	복수
1인칭	**Yo** [요] 나	**Nosotros / Nosotras** [노쏘뜨로쓰] / [노쏘뜨라쓰] 우리들
2인칭	**Tú** [뚜] 너	**Vosotros / Vosotras** [보쏘뜨로쓰] / [보쏘뜨라쓰] 너희들
3인칭	**Él / Ella / Usted** [엘] / [에야] / [우스뗀] 그 / 그녀 / 당신	**Ellos / Ellas / Ustedes** [에요스] / [에야스] / [우스떼데스] 그들 / 그녀들 / 당신들

⑴ 2인칭 단수 **tú**는 친한 사이의 호칭이고, 3인칭 단수 **usted**는 자신보다 나이가 많거나 처음 만나는 사이의 호칭입니다.

⑵ **nosotros**나 **vosotros**는 '남성으로만 구성된 집단' 또는 '남녀 혼성'으로 구성된 집단을 가리키고, **nosotras**나 **vosotras**는 '여성으로만 구성된 집단'을 가리킵니다.

⑶ 3인칭 단수 **usted**와 3인칭 복수 **ustedes**는 각각 'Ud.'와 'Uds.'로 줄여 쓸 수 있으며, 줄임말은 항상 대문자로 표기하고 마침표를 동반합니다.

⑷ 스페인어는 동사가 주어의 인칭에 따라 변화하기 때문에 동사를 보고 주어를 알 수 있으므로 보통 주어를 생략합니다. 단, 3인칭의 경우는 혼동을 막기 위해 주어를 써 주는 경우가 많습니다.

② 중성 지시대명사

지시하는 대상에 대해 잘 모르는 경우 또는 그 대상이 추상적인 경우에는 중성 지시대명사를 씁니다.

이것	그것	저것
esto [에스또]	**eso** [에소]	**aquello** [아께요]

께　에스 에스또
¿Qué es esto?　　　　　　　　이것은 무엇입니까?

께　　에스 에소
¿Qué es eso?　　　　　　　　그것은 무엇입니까?

께　에스　아께요
¿Qué es aquello?　　　　　　저것은 무엇입니까?

③ 숫자 (1~10)

1	**uno** [우노]	6	**seis** [쎄이쓰]
2	**dos** [도스]	7	**siete** [씨에떼]
3	**tres** [뜨레스]	8	**ocho** [오쵸]
4	**cuatro** [꽈뜨로]	9	**nueve** [누에베]
5	**cinco** [씽꼬]	10	**diez** [디에쓰]

④ 달, 월

영어는 월(月)을 표기할 때 항상 대문자를 쓰지만, 스페인어는 월(月)이 문장의 첫 단어로 오는 경우가 아니면 항상 소문자로 씁니다.

1월	**enero** [에네로]	7월	**julio** [훌리오]
2월	**febrero** [페브레로]	8월	**agosto** [아고스또]
3월	**marzo** [마르쏘]	9월	**septiembre** [쎕띠엠브레]
4월	**abril** [아브릴]	10월	**octubre** [옥뚜브레]
5월	**mayo** [마요]	11월	**noviembre** [노비엠브레]
6월	**junio** [후니오]	12월	**diciembre** [디씨엠브레]

께　페챠　에스　오이
¿Qué fecha es hoy?　오늘은 며칠입니까?

오이　에스　우노　데　에네로
→ Hoy es uno de enero.　　오늘은 1월 1일입니다.

오이　에스　디에쓰　데　마요
→ Hoy es diez de mayo.　　오늘은 5월 10일입니다.

⑤ 요일

'월(月)'과 마찬가지로, 문장의 첫 단어로 '요일'이 오는 경우가 아니면 항상 소문자로 씁니다.

월요일	lunes [루네쓰]	금요일	viernes [비에르네쓰]
화요일	martes [마르떼쓰]	토요일	sábado [싸바도]
수요일	miércoles [미에르꼴레쓰]	일요일	domingo [도밍고]
목요일	jueves [후에베쓰]		

께 디아 에스 오이
¿Qué día es hoy?   오늘은 무슨 요일입니까?

오이 에스 미에르꼴레쓰
→ **Hoy es miércoles.**   오늘은 수요일입니다.

오이 에스 싸바도
→ **Hoy es sábado.**   오늘은 토요일입니다.

Unit 1.	인사하기 1 (기본 표현)	Unit 13.	칭찬하기
Unit 2.	인사하기 2 (만났을 때)	Unit 14.	상태 표현하기
Unit 3.	인사하기 3 (헤어질 때)	Unit 15.	격려하기
Unit 4.	자기소개하기	Unit 16.	주의, 경고하기
Unit 5.	안부 묻기	Unit 17.	약속하기
Unit 6.	안부 답하기	Unit 18.	초대하기
Unit 7.	감사함 표현하기	Unit 19.	승낙하기
Unit 8.	사과 및 양해 표현하기	Unit 20.	거절하기
Unit 9.	질문하기	Unit 21.	취미 말하기
Unit 10.	요청하기	Unit 22.	날씨 표현하기
Unit 11.	기본 응답하기	Unit 23.	날짜 & 요일 표현하기
Unit 12.	감탄사로 표현하기	Unit 24.	축하하기

필수 표현 익히기

¡Vamos!

Unit 1

인사하기 1 (기본 표현)

스페인 사람들은 모르는 사이라도 눈이 마주쳤을 때, 'Hola.'라고 가볍게 인사합니다. 'Hola.'는 상대방의 연령이나 성별과 상관없이 누구에게나 쓸 수 있는 인사이므로 편하게 주고받을 수 있습니다. 이 외에도 시간대별로 아침, 점심, 저녁에 하는 인사가 따로 있습니다.

핵심 표현

올라

Hola.

안녕.

Tip Hola의 첫 글자인 h는 스페인어에서는 묵음으로 처리하기 때문에 소리를 내지 않습니다. 영어 발음과 혼동하지 않도록 주의하세요.

올라　　부에나스
Hola, buenas.

안녕.

부에노스　디아스
Buenos días.

아침 인사 : 안녕하세요. (좋은 아침이에요.)

부에나스　따르데스
Buenas tardes.

오후 인사 : 안녕하세요. (좋은 오후예요.)

부에나스　　노체스
Buenas noches.

밤 인사 : 안녕하세요. (좋은 밤이에요.)

 엿보기 단어

bueno/a [부에노/나] 좋은　　　　tarde [따르데] f. 오후
día [디아] m. 날, 일　　　　　　noche [노체] f. 밤

안녕.

H   .

안녕.

Hola,   .

아침 인사 : 안녕하세요. (좋은 아침이에요.)

                   días.

오후 인사 : 안녕하세요. (좋은 오후예요.)

Buenas   .

밤 인사 : 안녕하세요. (좋은 밤이에요.)

Buenas   .

Q. 잠자기 전 인사로 'Buenas noches.'라고 말하기도 하나요?

저녁 또는 밤 인사 표현인 'Buenas noches.'는 잠을 자러 가기 전에 '잘 자' 또는 '안녕히 주무세요'라는 뜻으로 쓰이기도 합니다. 아침 인사 표현인 'Buenos días.'나 오후 인사 표현인 'Buenas tardes.'도 그 시간대에 누군가를 만난 후 헤어질 때 쓰이는 경우가 있으므로, 말하는 상황을 통해 의미를 구분할 수 있습니다. 시간대별 인사를 조금 더 명확하게 표현하기 위해 기본 인사 표현인 Hola와 함께 쓰는 것을 추천합니다.

● 저녁/밤에 만났을 때

올라　　　 부에나스　　 노체스
Hola, buenas noches.

안녕하세요. (좋은 밤이에요.)

● 잠자기 전

부에나스　　 노체스　　 마마
Buenas noches, mamá.

안녕히 주무세요, 엄마.

Buenas noches, mamá….

인사하기 2 (만났을 때)

🎧 01-03

스페인 사람들은 누군가를 처음 만났을 때나 오랜만에 만났을 때 상대방에게 그 기쁨을 최대한으로 표현하려고 합니다. 특히, 비즈니스적인 만남에서는 상대방을 처음 만났을 때 하는 인사에 따라서 분위기에 많은 영향을 줍니다.

핵심 표현

무쵸   구스또
Mucho gusto.

만나서 반가워요.

단어

mucho [무쵸] 많이, 많은
gusto [구스또] *m.* 기쁨, 즐거움

Mucho gusto.

Encantado.

Tip gusto는 일상생활에서 자주 쓰이는 표현 중 하나입니다. 처음 만날 때 하는 인사 표현에서는 '기쁨, 즐거움'의 의미로 쓰이지만, 커피나 음식과 관련된 표현에서는 '맛, 기호'의 의미로 쓰이기도 합니다.

Añada azúcar al gusto. [아냐다 아쑤까르 알 구스또] 기호에 맞게 설탕을 넣으세요.

엔깐따도　　　　　　엔깐따다

m. **Encantado.** = *f.* **Encantada.**

만나서 반가워요.

※ 말하는 사람의 성(性)에 맞춰서 써야 합니다.

꽌또　　　　띠엠뽀

¡Cuánto tiempo!

이게 얼마 만이야!

미라　　　끼엔　　에스따　아끼

¡Mira quién está aquí!

이게 누구야!

께　　　까수알리닫

¡Qué casualidad!

이런 우연이 다 있네요!

 엿보기 단어

cuánto [꽌또] 얼마나　　　　　　está [에스따] (~이/가) 있다

tiempo [띠엠뽀] *m.* 시간, 때, 날씨　　aquí [아끼] 여기, 이곳

mira [미라] 봐봐 ('mirar (보다)동사'의 명령형)　qué [께] (감탄사) 아이고, 참

quién [끼엔] 누구　　　　　　　casualidad [까수알리닫] *f.* 우연

만나서 반가워요.

Mucho _____ .

만나서 반가워요.

(말하는 사람이 남자일 때) _____ .

(말하는 사람이 여자일 때) _____ .

이게 얼마 만이야!

¡ _____ **tiempo!**

이게 누구야!

¡Mira _____ **está aquí!**

이런 우연이 다 있네요!

¡ _____ **casualidad!**

Q. 'Encantado.'와 'Encantada.'는 어떤 차이가 있나요?

'만나서 반갑습니다'를 의미하는 표현에는 'Mucho gusto.' 외에 'Encantado.'도 있습니다. 단, 'Encantado.'의 경우 말하는 사람의 성(性)에 맞춰야 합니다. 말하는 사람이 남성일 경우에는 'Encantado. [엔깐따도]', 여성일 경우에는 'Encantada. [엔깐따다]'를 사용해야 합니다.

Mina :
무쵸 구스또 민수
Mucho gusto, Minsu.

만나서 반가워, 민수야.

Minsu :
엔깐따도 미나
Encantado, Mina.

만나서 반가워, 미나야.

Minsu :
무쵸 구스또 미나
Mucho gusto, Mina.

만나서 반가워, 미나야.

Mina :
엔깐따다 민수
Encantada, Minsu.

만나서 반가워, 민수야.

인사하기 3 (헤어질 때)

🎧 01-05

헤어질 때 인사 표현은 크게 2가지가 있습니다. '잘 가, 잘 지내'와 같이 단순한 작별의 인사 표현과 헤어질 때 다음을 기약하며 특정 시기를 언급하는 인사 표현이 있습니다. 특정 시기를 언급할 때는 주로 hasta (~까지) 단어를 사용해서 '~까지 잘 지내기를 바라는 마음'으로 '~에 봐요'라는 의미로 해석할 수 있습니다.

핵심 표현

아스따　　　루에고
Hasta luego.

나중에 봐요.

단어를 바꿔서 표현해 보세요.

▫ **mañana** [마냐나] 내일*

▫ **pronto** [쁘론또] 곧

단어

hasta [아스따] ~까지
luego [루에고] 나중에

Tip 인사 표현에서 '오후에'는 por/en la tarde[뽀르/엔 라 따르데], '밤에'는 por/en la noche[뽀르/엔 라 노체]로 표현합니다.

Hasta mañana por la tarde. [아스따 마냐나 뽀르 라 따르데] 내일 오후에 만나.

Hasta mañana por la noche. [아스따 마냐나 뽀르 라 노체] 내일 밤에 만나.

아디오스

Adiós.

잘 가.

챠오

Chao.

잘 가.

노스　베모스

Nos vemos.

조만간 보자.

꾸이다떼

Cuídate.

잘 지내.

 엿보기 단어

---

adiós [아디오스] (인사 표현) 잘 가

chao [챠오] (인사 표현) 잘 가

nos vemos [노스 베모스] (우리) 서로 만나다

cuídate [꾸이다떼] (너 스스로) 조심하다,
(건강에) 신경 쓰다

나중에 봐요.

Hasta   .

잘 가.

A   .

잘 가.

C   .

조만간 보자.

Nos   .

잘 지내.

C   .

Q. mañana가 '내일'이라는 뜻 외에 다른 뜻도 있나요?

'내일 만나'를 의미하는 표현인 'Hasta mañana.'에서 mañana는 '내일'을 의미하는 부사입니다. 그러나 이 단어는 '아침, 오전'을 의미하는 명사로도 쓰입니다. 예를 들어, 문장에서 정확한 시간 언급 없이 '오전에'라는 의미를 나타내고자 할 때는 por la mañana[뽀르 라 마냐나] 또는 en la mañana[엔 라 마냐나]라는 표현을 씁니다. 이때의 mañana는 '아침, 오전'을 의미합니다.

아스따 　 마냐나
Hasta mañana.　　　　　　　　　　　　　　내일 만나.

아스따 　 마냐나 　 뽀르 라 　 마냐나
Hasta mañana por la mañana.　　　　　　내일 오전에 만나.
　　　　내일　　　　　　오전

아스따 　 마냐나 　 엔 라 　 마냐나
= Hasta mañana en la mañana.
　　　　　내일　　　　　　오전

자기소개하기

🎧 01-07

자기소개를 할 때 가장 기본이 되는 동사는 '~이다'를 의미하는 ser [쎄르]이고, '나'를 주어로 할 때 이 동사를 soy [쏘이]로 변형시켜서 사용합니다. 따라서, '나는 ~이다'라는 표현은 'Yo soy ~'로 시작합니다. 뒤에 '이름, 국적, 직업' 등을 넣어서 다양하게 자신을 소개할 수 있습니다. 인칭대명사 20p. 참고

 핵심 표현

요　　쏘이　　　민수
Yo soy Minsu.

나는 민수 입니다.

자신의 이름을 빈칸에 넣어 연습해 보세요.

● 스페인에서 인기 있는 이름

남자 이름	여자 이름
Hugo [우고]	Lucía [루씨아]
Lucas [루까스]	Sofía [쏘피아]
Martín [마르띤]	Martina [마르띠나]
Daniel [다니엘]	María [마리아]
Pablo [빠블로]	Paula [빠울라]

단어

yo [요] 나
soy [쏘이] (나는) ~이다

요　쏘이　꼬레아노
Yo soy coreano.
나는 한국 남자입니다.

요　쏘이　꼬레아나
Yo soy coreana.
나는 한국 여자입니다.

요　쏘이　오피씨니스따
Yo soy oficinista.
나는 회사원입니다.

요　쏘이　에스뚜디안떼
Yo soy estudiante.
나는 학생입니다.

 엿보기 단어

coreano [꼬레아노] *m.* 한국 남자
coreana [꼬레아나] *f.* 한국 여자

oficinista [오피씨니스따] *m. f.* 회사원
estudiante [에스뚜디안떼] *m. f.* 학생

나는 ○○입니다.

↗ 자신의 이름을 넣어 보세요.

Yo soy _____.

나는 한국 남자입니다.

Yo soy _____.

나는 한국 여자입니다.

Yo soy _____.

나는 회사원입니다.

Yo soy _____.

나는 학생입니다.

Yo soy _____.

Q. 나를 소개할 때 Yo를 생략하고 'Soy ~'로만 말할 수도 있나요?

스페인어의 특징 중 하나가 바로 동사 변화형입니다. 스페인어의 동사는 인칭과 시제에 따라 각기 다른 변화형을 갖기 때문에, 주어가 '나'인 yo일 때 쓰는 동사의 변화형은 soy로 정해져 있습니다. 따라서, 동사만 보고도 주어가 누구인지를 알 수 있기 때문에 주어를 생략해도 전혀 문제 되지 않습니다.

요　쏘이　미나　　　쏘이　미나
Yo soy Mina. = Soy Mina.

나는 미나입니다.

 학습한 문장에서 주어를 생략하여 한 번 더 연습해 보세요.

쏘이　꼬레아노
Soy coreano.　　　　　　　　　나는 한국 남자입니다.

쏘이　꼬레아나
Soy coreana.　　　　　　　　　나는 한국 여자입니다.

쏘이　오피씨니스따
Soy oficinista.　　　　　　　　나는 회사원입니다.

쏘이　에스뚜디안떼
Soy estudiante.　　　　　　　　나는 학생입니다.

안부 묻기

🎧 01-09

스페인 사람들은 서로 만났을 때 인사를 주고받은 후, 꼭 안부를 묻습니다. 심지어 상점에서 점원이 처음 보는 손님에게 안부를 묻기도 합니다. 의무사항은 아니지만 스페인에서는 인사 표현과 안부 표현을 함께 건네는 경우가 많기 때문에 인사 표현과 함께 사용하는 것을 추천합니다.

핵심 표현

꼬모 에스따스

¿Cómo estás?

어떻게 지내니 ?

단어를 바꿔서 표현해 보세요.

▫ **andas** [안다스] (너는) 지내다

▫ **te va** [떼 바] (너에게 건강이나 상황이) ～하다

↳ ¿Cómo te va? : (건강은) 어때?

단어

cómo [꼬모] 어떻게
estás [에스따스] (너는) ～하다

Tip

스페인어 동사는 주어에 따라 형태가 변합니다. 안부를 물을 때는 '～하다'를 뜻하는 estar 동사를 활용하는데, 위 핵심 표현인 '¿Cómo estás?'에서 동사인 estás는 주어가 '너'일 때의 estar 동사 변화형입니다. 해당 표현을 처음 보는 사이에서 한다면 주어가 '당신'일 때의 estar 동사 변화형인 está를 활용하여 '¿Cómo está?'로 표현하면 됩니다.

¿Cómo estás? (너) 어떻게 지내니?　　　¿Cómo está? (당신) 어떻게 지내요?

께 딸
¿Qué tal?

어떻게 지내니?

또도 비엔
¿Todo bien?

별일 없죠?

께 딸 뚜 쌀룬
¿Qué tal tu salud?

너의 건강은 어때?

께 딸 뚜 뜨라바호
¿Qué tal tu trabajo?

너의 일은 어때?

 **엿보기 단어**

qué [께] 무엇, 어떤
todo [또도] 모든
bien [비엔] 괜찮은, 좋은, 잘

tu [뚜] 너의
salud [쌀룬] f. 건강
trabajo [뜨라바호] m. 일

어떻게 지내니?

¿Cómo   ?

어떻게 지내니?

¿   tal?

별일 없죠?

¿Todo   ?

너의 건강은 어때?

¿Qué tal tu   ?

너의 일은 어때?

¿Qué tal tu   ?

질문 있어요!

Q. '어떻게 지내니?'의 대답은 어떻게 하나요?

'어떻게 지내니?'라는 의미를 나타내는 '¿Cómo estás?'와 '¿Qué tal?'의 대답 방식은 동일하며, 상대방과의 친분이나 관계에 상관없이 사용할 수 있습니다. 일상생활에서는 자신의 기분을 나타내는 표현만으로 짧게 대답하는 경우가 대부분입니다. 정말 친한 사이가 아닌 경우에는 보통 긍정적인 대답으로 안부를 표현합니다.

무이   비엔
Muy bien.   아주 잘 지내.

비엔
Bien.   잘 지내.

꼬모   씨엠쁘레
Como siempre.   여전히 잘 지내.

르레굴라르
Regular.   그럭저럭 지내.

말
Mal.   잘 못 지내.

안부 답하기

🎧 01-11

친한 사이에서 안부를 묻고 답하는 경우에는 기본적인 안부 표현 외에 자신의 기분을 구체적으로 표현할 수도 있습니다. 피곤한지, 아픈지, 바쁜지 등을 표현할 때는 본인의 성별에 따라 알맞은 단어를 써야 하는 경우가 있으므로, 자신의 성별에 맞는 단어를 선택하여 연습하는 것이 좋습니다.

핵심 표현

에스또이   펠리쓰
Estoy feliz.

나는 행복 해요.

단어를 바꿔서 표현해 보세요.

- triste [뜨리스떼] 슬픈
- alegre [알레그레] 기쁜
- cansado/a [깐싸도/깐싸다] 피곤한

단어

estoy [에스또이] (나는) ~하다
feliz [펠리쓰] 행복한

Tip   스페인어는 사람의 성별에 따라 단어를 다르게 구사하는 경우가 종종 있습니다. 예를 들어, '피곤한'을 의미하는 단어를 쓸 때는 피곤한 상태인 사람의 성별에 맞춰서 말해야 합니다.

→ 나는 피곤해요.

(피곤한 사람이 남자) **Estoy cansado.**   (피곤한 사람이 여자) **Estoy cansada.**

에스또이　꼰뗀또　　　　에스또이　꼰뗀따

m. **Estoy contento. = *f.* Estoy contenta.**

나는 즐거워요.

　　　　　　　※ 'contento/a'는 즐거운 상태인 사람의 성(性)에 맞춰서 써야 합니다.

에스또이　엔페르모　　　　에스또이　엔페르마

m. **Estoy enfermo. = *f.* Estoy enferma.**

나는 아파요.

　　　　　　　※ 'enfermo/a'는 아픈 상태인 사람의 성(性)에 맞춰서 써야 합니다.

에스또이　오꾸빠도　　　　에스또이　오꾸빠다

m. **Estoy ocupado. = *f.* Estoy ocupada.**

나는 바빠요.

　　　　　　　※ 'ocupado/a'는 바쁜 상태인 사람의 성(性)에 맞춰서 써야 합니다.

에스또이　리브레

Estoy libre.

나는 한가해요.

 엿보기 단어

contento/a [꼰뗀또/따] 즐거운	ocupado/a [오꾸빠도/다] 바쁜
enfermo/a [엔페르모/마] 아픈	libre [리브레] 한가한, 자유로운

나는 행복해요.

Estoy   .

↗ 말하는 사람의 성별에 따라 적어 보세요.

(남) **Estoy**   .   나는 즐거워요.

(여) **Estoy**   .

(남) **Estoy**   .   나는 아파요.

(여) **Estoy**   .

(남) **Estoy**   .   나는 바빠요.

(여) **Estoy**   .

나는 한가해요.

Estoy   .

질문 있어요!

Q. 택시에 적혀 있는 libre와 ocupado는 무슨 의미인가요?

택시 내부에서 비치는 네온사인에 libre(한가한, 자유로운)라는 단어가 적혀 있다면 '빈 차'를 의미하며, ocupado(바쁜)라는 단어가 적혀 있다면 '손님이 타고 있는 차'를 의미합니다.

에스따　리브레
¿Está libre?
빈 차인가요?

에스따　오꾸빠도
¿Está ocupado?
손님이 타고 있나요?

> está는 '~인 상태이다'를 표현하는 estar 동사의 변화형 중 하나입니다.

—libre : 빈 차

지식 플러스

● libre와 ocupado의 활용

식당이나 공연장에서 빈자리인지 아닌지를 물어볼 때도 libre와 ocupado를 사용합니다. '¿Está libre?'는 자리가 비어 있는지를 묻고, '¿Está ocupado?'는 주인이 있는 자리 인지를 묻는 표현입니다.

감사함 표현하기

🎧 01-13

스페인 사람들은 일상생활에서 상대방에게 고마움을 느낄 때 아낌없는 감사 표현을 전달합니다. 가장 흔한 감사 표현인 'Gracias.'는 내가 상대방으로부터 도움을 받았을 때 또는 대단한 일이 아니더라도 상대방에게 배려하는 차원에서 고마움을 전달하는 경우에 사용합니다.

핵심 표현

그라씨아쓰

Gracias.

고마워요.

Tip 스페인어의 알파벳 'c' 발음은 나라와 지역에 따라 조금씩 다릅니다. 스페인의 경우에는 보통 영어의 'th' 발음인 [θ]로 발음하는 반면, 남미의 경우에는 [ㅆ]으로 발음하는 경우가 많습니다. 두 발음 모두 허용되는 발음이므로 반드시 지켜서 발음해야 하는 것은 아닙니다.

밀　그라씨아쓰

Mil gracias.

정말 고마워요.

* mil은 숫자 1,000을 의미하는 단어로, gracias와 함께 쓰일 때는 '정말 많이 고맙다'라는 의미로 해석할 수 있습니다.

무챠스　그라씨아쓰

Muchas gracias.

정말 고마워요.

무이　아마블레

Muy amable.

매우 친절하시네요.

그라씨아쓰　뽀르　또도

Gracias por todo.

여러모로 고마워요.

 엿보기 단어

mil [밀] (숫자) 1,000
gracias [그라씨아쓰] *f.* 감사
muchas [무챠스] 많이, 많은
muy [무이] 매우, 아주

amable [아마블레] 상냥한, 친절한
por [뽀르] ~ 때문에
todo [또도] 모든 것

고마워요.

G   .

정말 고마워요.

Mil   .

정말 고마워요.

Muchas   .

매우 친절하시네요.

Muy   .

여러모로 고마워요.

Gracias por   .

Q. 감사 인사에 대한 대답은 어떻게 해야 하나요?

감사 인사에 대한 적절한 응답 표현은 '별말씀을요' 또는 '천만에요' 등이 있습니다. 상대방이 나에게 감사 인사를 전하면, 그에 맞는 응답을 해주는 것이 하나의 예의와도 같습니다.

데　나다
De nada. 천만에요.

> 'A ti.[아 띠]', 'A usted.[아 우스뗀]'과 같이 줄임 표현도 가능합니다.

노　아이 데　께
No hay de qué. 별말씀을요.

그라씨아쓰　아 띠
Gracias a ti. = A ti. 내가 오히려 너한테 고맙지.

그라씨아쓰　아 우스뗀
Gracias a usted. = A usted. 제가 오히려 당신한테 감사하죠.

 **지식 플러스**

● 'A ti.'와 'A usted.'

상점 등에서 물건을 구매한 후 감사 인사를 했을 때 점원이 답변으로 가장 많이 하는 인사 표현입니다. 원래 문장인 'Gracias a ti.'를 직역하면 '감사함을 너에게 전하다'라는 뜻이 됩니다. 이를 줄여서 'A ti.'라고 표현하고 그 의미 역시 '오히려 내가 더 고맙다'라는 의미로 자주 사용합니다.

사과 및 양해 표현하기

🎧 01-15

누구나 실수를 할 수 있지만, 자신의 실수에 대해 상대방에게 사과하지 않는다면 상대방의 기분을 더욱 언짢게 만들 수 있습니다. 스페인 사람들 역시 실수에 대해 인정하지 않고, 사과하지 않는 것에 대해 매우 큰 불쾌감을 갖습니다. 그러므로 작은 실수라도 가볍게 여기지 않도록 사과 및 양해의 표현을 익혀두는 것이 좋습니다.

핵심 표현

로　　　씨엔또
Lo siento.

미안해요.

단어

lo [로] ~을/를
siento [씨엔또]
(나는) 유감이다

Lo siento.

Tip　● lo의 활용

스페인어에는 중성 목적대명사 'lo'가 있습니다. lo는 앞에서 이미 언급한 내용을 대신하거나 이미 알고 있는 사실을 대신할 때 사용합니다. 메인 표현에서 lo 역시 중성 목적대명사에 해당하며 내가 상대방에게 사과를 해야 할 일이나 미안함을 느끼는 일을 대신하여 lo로 나타낸 경우입니다.

로 　　라멘또
Lo lamento.

미안해요.

로 　씨엔또 　　무쵸
Lo siento mucho.

정말 미안해요.

뻬르돈
Perdón.

죄송해요.

※ 낯선 사람에게 길을 묻기 전에 '실례합니다만, ~'의
의미로도 쓰입니다.

디스꿀뻬
Disculpe.

실례합니다.

 **엿보기 단어**

lamento [라멘또] (나는) 유감스럽다 　　　　disculpe [디스꿀뻬] 실례합니다
perdón [뻬르돈] *m.* 용서, 사면

미안해요.

Lo s .

미안해요.

Lo l .

정말 미안해요.

Lo siento .

죄송해요.

P .

실례합니다.

D .

Q. 사과 표현에 대한 대답은 어떻게 해야 하나요?

상대방이 진심을 다해 사과하는 마음을 전해 온다면 너그러운 마음으로 용서하면서 적절한 응답을 하는 것이 바람직합니다. 사과에 관한 다양한 대답 표현을 익혀 보세요.

에스따 비엔
Está bien.   괜찮아요.

노 빠싸 나다
No pasa nada.   별일 아니에요.

노 임뽀르따
No importa.   중요하지 않아요.

노 떼 쁘레오꾸뻬스
No te preocupes.   걱정하지 마.

노 쎄 쁘레오꾸뻬
No se preocupe.   걱정하지 마세요.

 지식 플러스

'No te preocupes.'는 상대방과 가까운 사이거나 나이가 비슷한 친구 사이에서 쓰는 표현이고 'No se preocupe.'는 상대방과 처음 보는 사이거나 격식이 필요한 사이에서 쓰는 표현입니다.

질문하기

🎧 01-17

익숙하지 않은 단어 또는 문장을 들었을 때 당황해서 실수하는 경우가 종종 있습니다. 생소한 물건을 보거나 처음 듣는 스페인어를 들었을 때 당황하지 않고 간단하게 물어 볼 수 있는 다양한 상황에서의 질문 표현들을 익혀 보세요.

핵심 표현

께　　에스　　에스또

¿Qué es esto?

이것 은 무엇입니까?

단어를 바꿔서 표현해 보세요.

● 중성 지시대명사

esto [에스또]	이것
eso [에소]	그것
aquello [아께요]	저것

단어

es [에스] (~이/가) ~이다

Tip 'esto [에스또], eso [에소], aquello [아께요]'는 모두 중성 지시대명사로 지시 대상의 성(性)을 모를 때 사용하거나 사물이 아닌 이미 언급된 내용 등을 표현할 때 사용합니다. 위 핵심 표현의 경우, 질문하는 입장에서 가리키는 사물에 대해 아는 바가 없으므로 중성 지시대명사를 사용합니다.

꼬모
¿Cómo?

뭐라고 하셨나요?

께   씨그니피까   에스또
¿Qué significa esto?

이것은 무슨 의미입니까?

빠라   께   씨르베   에스또
¿Para qué sirve esto?

이것은 무엇에 씁니까?

꼬모   쎄   디쎄   에스또   엔   에스빠뇰
¿Cómo se dice esto en español?

이것을 스페인어로 어떻게 말합니까?

 엿보기 단어

---

significa [씨그니피까] (~라고) 의미하다
para [빠라] ~을 위해
sirve [씨르베] (~이/가) 쓸모가 있다

se dice [쎄 디쎄] (~라고) 말하다
español [에스빠뇰] *m.* 스페인어

이것은 무엇입니까?

¿Qué es   ?

뭐라고 하셨나요?

¿C   ?

이것은 무슨 의미입니까?

¿Qué significa   ?

이것은 무엇에 씁니까?

¿Para qué   esto?

이것을 스페인어로 어떻게 말합니까?

¿   se dice esto en español?

질문 있어요!

Q. 스페인어 철자나 발음을 모를 때 어떻게 하나요?

'이것을 스페인어로 어떻게 말합니까?'라는 표현으로 응용할 수 있습니다. 철자를 물을 때는 '쓰다'를 의미하는 동사 escribir[에스끄리비르]를 활용하고, 발음을 물을 때는 '발음하다'를 의미하는 동사 pronunciar[쁘로눈씨아르]를 활용합니다.

꼬모 쎄 에스끄리베 에스또
¿Cómo se escribe esto?
↳ '쓰다' 동사 escribir

이것을 어떻게 씁니까?

꼬모 쎄 쁘로눈씨아 에스또
¿Cómo se pronuncia esto?
↳ '발음하다' 동사 pronunciar

이것을 어떻게 발음합니까?

 지식 플러스

공항이나 호텔에서 이름의 철자를 묻는 경우가 있습니다. 그들의 입장에서는 한국 이름이 외국어이기 때문에 정확한 표기를 위한 확인 절차 중 하나입니다. 이에 대답하기 위해서는 영문 이름의 철자를 스페인어로 읽는 연습이 필요합니다. 스페인어의 알파벳 중 ñ[에녜]를 제외하고는 모두 영문 알파벳과 동일하므로 본인의 영문 이름을 스페인어 알파벳 명칭으로 알아두면 당황하지 않고 대답할 수 있습니다.

쎄 에스끄리베 에메 이 에네 아
Se escribe eme – i – ene – a.   M – i – n – a로 씁니다. (Mina)

요청하기

🎧 01-19

영어의 please와 같이 스페인어에도 웬만한 요구 사항을 전달할 수 있는 마법 같은 말이 있습니다. 바로 'por favor'입니다. 상대방이 해주기를 바라는 동작이나 내가 필요한 물건 뒤에 por favor만 붙이면, 상대방에게 요청하는 다양한 표현이 가능합니다.

 핵심 표현

운　　　　　모멘또　　　　　뽀르　　　파보르
Un momento, por favor.

잠시만요. (잠시만 기다려 주세요.)

단어를 바꿔서 표현해 보세요.

▫ **silencio** [씰렌씨오] *m.* 조용함, 정적, 침묵

▫ **atención** [아뗀씨온] *f.* 주목, 집중

단어

momento [모멘또] *m.* 잠시
por favor [뽀르 파보르]
~해 주세요

 Tip 스페인어권 나라에서 흔히 사용하는 SNS를 보면 por fa [뽀르 파]라는 표현을 발견할 수 있습니다. 이것은 por favor의 줄임말로 주로 인터넷상 용어로 사용하고 있습니다.

에스뻬레메　　뽀르　파보르

Espéreme, por favor.

저를 기다려주세요.

무에스뜨레메　　뽀르　파보르

Muéstreme, por favor.

저에게 보여주세요.

아유데메　　뽀르　파보르

Ayúdeme, por favor.

저를 도와주세요.

데메　에스또　뽀르　파보르

Deme esto, por favor.

이것으로 주세요.

 엿보기 단어　　※ 아래 단어 뒤에 por favor를 위치시켜서, '~주세요'라는 의미로 표현할 수 있습니다.

espéreme [에스뻬레메] 저를 기다려~　　　　ayúdeme [아유데메] 저를 도와~
muéstreme [무에스뜨레메] 저에게 보여~

잠시만요. (잠시만 기다려주세요.)

                          , por favor.

저를 기다려주세요.

                          , por favor.

저에게 보여주세요.

                          , por favor.

저를 도와주세요.

                          , por favor.

이것으로 주세요.

Deme   , por favor.

질문 있어요!

Q. 부탁할 때, 반드시 por favor를 말해야 하나요?

요구 사항을 말할 때, **por favor**를 쓰지 않아도 어법적으로는 틀리지 않지만, 상대방의 기분이 언짢을 수는 있습니다. 특히 상대방이 나를 위해 어떤 행동을 해주기를 요구하는 경우에는 스페인어로 명령형을 활용하게 됩니다. 이 경우에 **por favor**를 쓰지 않는다면, 마치 명령하는 듯한 느낌을 주기 때문에 상대방의 입장에서는 불쾌하게 느낄 수 있으므로 특별한 경우가 아니라면 함께 사용하는 것을 권장합니다.

씰렌씨오
Silencio.

조용히 하세요.

씰렌씨오   뽀르   파보르
Silencio, por favor.

조용히 해주세요.

 **지식 플러스**

도움이 필요할 때, 당황해서 아무것도 생각나지 않는다면 상대방을 바라보며 간절함을 담아 'Por favor.'라고 말해 보세요. 충분히 '도와주세요'의 의미가 전달됩니다.

기본 응답하기

🎧 01-21

상대방과 대화할 때, '네/아니오'부터 '천천히 말해주세요' 등의 기본 응답 표현은 가장 기초적이면서 중요한 표현 중 하나입니다. 외국어에 익숙하지 않은 상태로 현지인과 대화 시, 속도가 너무 빠르거나 못 알아들었을 때 **por favor**의 어휘를 응용하여 대처할 수 있습니다.

 핵심 표현

오뜨라   베쓰   뽀르   파보르
Otra vez, por favor.

다시 한번 부탁드려요.

단어를 바꿔서 표현해 보세요.

▫ **más despacio** [마쓰 데스빠씨오] 더 천천히

▫ **repita** [르레삐따] 반복하다, 되풀이하다

↳ Repita, por favor. : 반복해서 (말씀)해 주세요.

단어

otro/a [오뜨로/라] 또 다른
vez [베쓰] *f.* 번, 회, 횟수

 Tip
despacio [데스빠씨오]를 배우고 나면 많은 분들이 despacito [데스빠씨또]의 의미를 궁금해합니다. despacito는 '아주 천천히, 아주 느리게'라는 의미로 despacio보다 천천히의 의미가 조금 더 강조된 단어입니다. 스페인어 노래로는 20여 년 만에 빌보드 차트에 오른 유명한 노래의 제목이기도 합니다.

씨 노
Sí. / No.
네. / 아니오.

노 로 쎄
No lo sé.
나는 그것을 몰라요.

> lo의 활용 :
> 54p. Tip 내용을 참고해 주세요!

노 로 엔띠엔도
No lo entiendo.
나는 그것을 이해하지 못했어요.

노 아블로 에스빠뇰
No hablo español.
나는 스페인어를 못 해요.

 엿보기 단어

sí [씨] (응답) 네, 예

sé [쎄] (나는) 알다

entiendo [엔띠엔도] (나는) 이해하다

hablo [아블로] (나는) 말하다

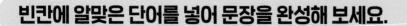
다시 한번 부탁드려요.

⬚⬚⬚⬚⬚⬚⬚⬚⬚, por favor.

네. / 아니오.

⬚⬚⬚⬚⬚⬚⬚. / No.

나는 그것을 몰라요.

No lo ⬚⬚⬚⬚⬚⬚⬚⬚⬚.

나는 그것을 이해하지 못했어요.

No lo ⬚⬚⬚⬚⬚⬚⬚⬚⬚.

나는 스페인어를 못 해요.

No ⬚⬚⬚⬚⬚⬚⬚⬚ español.

Q. 다양한 돌발 상황에 대처할 수 있는 센스 있는 표현이 있을까요?

예기치 못한 돌발 상황은 언제나 우리를 기다리고 있습니다. 돌발 상황에서 스페인어가 서툴다면 그 긴장감은 2배가 됩니다. 다양한 상황에서 적절하게 대처할 수 있는 센스만점 표현들을 익혀 보세요.

노 레 오이고 비엔
No le oigo bien.　　　　　　　　　　(말씀하신 게) 잘 들리지 않네요.

쏘이 뚜리스따
Soy turista.　　　　　　　　　　나는 관광객이에요.

에스끄리발로 아끼 뽀르 파보르
Escríbalo aquí, por favor.　　　　그것을 여기에 적어주세요.

 **지식 플러스**

스페인은 교통 법규가 복잡해서 렌터카를 이용해서 여행하는 경우, 돌발 상황이 발생하더라도 먼저 사과를 건네거나 잘못을 인정하는 것은 나중에 오히려 불리해질 수 있으니 유의해야 합니다. 우리나라와 다른 법규로 인해 사소한 오해가 생길 수도 있으므로, 무조건 잘못을 인정하는 것은 절대 옳지 않습니다. 이러한 상황에 대처할 수 있는 표현을 익혀 보세요.

노 에스 미 꿀빠
No es mi culpa.　　내 잘못이 아니에요.

감탄사로 표현하기

🎧 01-23

스페인어에서 대화 시 상대방의 말에 호응해 주는 일명 '맞장구'는 매우 중요합니다. 스페인 사람들은 자신의 말에 상대방의 반응이 적극적이지 않으면 매우 실망해 하는 경우가 많기 때문입니다. 사소한 반응이라도 상대방에게 마음껏 표출한다면 기분 좋은 대화를 이어갈 수 있을 것입니다.

핵심 표현

께　　까로
¡Qué caro!

정말 비싸네요!

단어를 바꿔서 표현해 보세요.

- barato [바라또] 저렴한
- rico [ㄹ리꼬] 맛있는
- interesante [인떼레싼떼] 재미있는
- cómodo [꼬모도] 편안한

단어

caro [까로] 비싼

Tip

● qué의 활용

qué는 의문문에서 '무엇'을 의미하기도 하지만, 위 메인 문장처럼 감탄문에서 '정말, 참, 얼마나'의 의미를 나타내기도 합니다. 영어에서 '무엇'을 뜻하는 의문사인 what이 감탄문에도 쓰이는 것과 비슷하다고 볼 수 있습니다.

엔 쎄리오

¿En serio?

진심이야?

아 씨

¿Ah, sí?

아, 그래?

에스 인끄레이블레

Es increíble.

믿을 수 없어요.

판따스띠꼬

¡Fantástico!

환상적이네요!

 엿보기 단어

serio [쎄리오] 진심으로, 진지하게   fantástico/a [판따스띠꼬/까] 환상적인
increíble [인끄레이블레] 믿을 수 없는

정말 비싸네요!

¡Qué   !

진심이야?

¿En   ?

아, 그래?

¿Ah,   ?

믿을 수 없어요.

Es   .

환상적이네요!

¡F   !

Q. 감탄하는 표현은 qué만 쓸 수 있나요?

스페인어에서 가장 많이 사용하는 감탄사인 **qué** 외에도 **cómo**를 활용하여 감탄하는 표현을 할 수도 있습니다. **cómo** 뒤에 동사를 위치시키면 어떤 행위에 대한 감탄의 표현을 나타냅니다.

$$\boxed{\text{Cómo + 동사}}$$

꼬모   꼬메스
¡Cómo comes!

너 정말 많이 먹는구나!

꼬모   뻬사
¡Cómo pesa!

정말 무겁구나!

꼬모   니에바
¡Cómo nieva!

정말 눈이 많이 오네!

꼬모   유에베
¡Cómo llueve!

정말 비가 많이 오네!

칭찬하기

🎧 01-25

상대방과의 대화 중, 칭찬은 대화 분위기를 한층 자연스럽고 즐겁게 만들 수 있습니다. 상대방이 잘한 일뿐만 아니라 외모 및 옷차림 등 다양한 표현을 익혀 보세요. 칭찬하는 표현에는 주로 'bueno(좋은)'나 'bien(괜찮은, 좋은, 잘)'을 사용합니다.

핵심 표현

부엔　　　뜨라바호

Buen trabajo.

수고했어요.

Buen trabajo.

단어

buen [부엔] 좋은
trabajo [뜨라바호] *m.* 일

 Tip bueno와 buen은 같은 단어이지만, 문법적으로 bueno가 남성 단수 명사 앞에 오는 경우에는 '-o'를 탈락시켜서 buen이라고 씁니다. 위 핵심 표현에서도 trabajo가 남성 단수 명사이기 때문에 앞에 bueno가 아닌 buen을 씁니다.

브라보
¡Bravo!
잘했어!

엑쎌렌떼
Excelente.
훌륭해요.

빠레쎄   호벤
Parece joven.
젊어 보이세요.

아블라   꼬레아노   무이   비엔
Habla coreano muy bien.
한국어를 굉장히 잘 하시네요.

 엿보기 단어

bravo [브라보] 우수한
parece [빠레쎄] (~이/가 ~로) 보이다
joven [호벤] 젊은

habla [아블라] (~이/가) 말하다
coreano [꼬레아노] *m.* 한국어

수고했어요.

Buen   .

잘했어!

¡B   **!**

훌륭해요.

E   .

젊어 보이세요.

Parece   .

한국어를 굉장히 잘 하시네요.

Habla   **muy bien.**

질문 있어요!

Q. 'Muy bien.'이라고만 말해도 칭찬이 되나요?

'Muy bien.'은 영어의 'Very good.'과 같은 표현으로 '아주 좋습니다'라는 의미를 가집니다. 상대방이 한 말이나 행동에 대해 'Muy bien.'으로 대답하면 당연히 상대방을 칭찬하는 말이 됩니다.

무이　비엔
Muy bien.

아주 좋아요.

꼬씨나　무이　비엔
Cocina muy bien.

요리를 잘하시네요.

깐따　무이　비엔
Canta muy bien.

노래를 잘하시네요.

바일라　무이　비엔
Baila muy bien.

춤을 잘 추시네요.

상태 표현하기

🎧 01-27

스페인어는 추위나 더위를 느끼고 있다는 것을 표현할 때 한국어와 조금 다른 방식으로 '가지고 있다'를 의미하는 **tener** 동사를 사용합니다. 마치 내가 '추위나 더위를 가지고 있다'라고 말하는 것처럼 들리지만, '나는 춥다' 또는 '나는 덥다'의 의미로 해석할 수 있습니다.

 핵심 표현

떼고 · 프리오

Tengo frío.

나는 추워요.

단어를 바꿔서 표현해 보세요.

▫ **calor** [깔로르] *m.* 더위

▫ **sed** [쎋] *f.* 갈증, 목마름

▫ **prisa** [쁘리싸] *f.* 급함, 서두름

단어

tengo [떼고]
(나는) 가지고 있다
frío [프리오] *m.* 추위

 Tip ● tengo + 명사

내 상태를 표현할 때 tengo 뒤에 오는 단어는 명사입니다. 이때 의미를 강조해서 '매우, 많이'라는 표현을 추가하고 싶다면, 남성 명사 앞에는 mucho [무쵸]를 넣고, 여성 명사 앞에는 mucha [무챠]를 넣어주면 됩니다.

Tengo mucho frío. [떼고 무쵸 프리오]   나는 매우 추워요.

Tengo mucha sed. [떼고 무챠 쎋]   나는 목이 많이 말라요.

떼고　　암브레
Tengo hambre.
나는 배가 고파요.

떼고　　수에뇨
Tengo sueño.
나는 졸려요.

떼고　　그리뻬
Tengo gripe.
나는 감기 기운이 있어요.

떼고　　피에브레
Tengo fiebre.
나는 열이 나요.

 엿보기 단어

hambre [암브레] *f.* 배고픔　　　　gripe [그리뻬] *f.* 감기
sueño [수에뇨] *m.* 졸음　　　　　fiebre [피에브레] *f.* 열

나는 추워요.

Tengo   .

나는 배가 고파요.

Tengo   .

나는 졸려요.

Tengo   .

나는 감기 기운이 있어요.

Tengo   .

나는 열이 나요.

Tengo   .

Q. estoy와 tengo의 차이가 무엇인가요?

두 표현의 차이는 크게 없지만, 어법적인 차이가 있습니다. 나의 상태를 표현할 때 estoy 뒤에는 나의 기분과 관련된 형용사를 붙여 '기분 상태'를 표현하고, tengo 뒤에는 나의 신체적인 상태와 관련된 명사를 붙여 '신체 상태'를 표현합니다. 따라서 tengo를 활용한 상태 표현이 훨씬 한정적으로 쓰입니다.

● 기분 상태

에스또이　펠리쓰
Estoy feliz.　　　　　　　　　　　　나는 행복해.

에스또이　뜨리스떼
Estoy triste.　　　　　　　　　　　나는 슬퍼.

● 신체 상태

뗑고　피에브레
Tengo fiebre.　　　　　　　　　　나는 열이 나요.

뗑고　수에뇨
Tengo sueño.　　　　　　　　　　나는 졸려요.

 지식 플러스

estoy를 활용해서 기분 상태 표현을 강조할 때는 '매우'를 의미하는 muy[무이]를 사용하고, tengo를 활용해서 신체 상태 표현을 강조할 때는 '많이'를 의미하는 mucho/a[무쵸/챠]를 사용합니다.

에스또이　무이　펠리쓰
Estoy muy feliz.　　　　나는 매우 행복해.

뗑고　무챠　피에브레
Tengo mucha fiebre.　　나는 열이 많이 나요.

Unit 15

격려하기

🎧 01-29

하고 있는 일이 잘 풀리지 않거나, 우울한 날에 '힘내!'라는 말 한마디는 정말 큰 힘이 됩니다. 일상생활을 하다 보면 상대방에게 격려가 필요한 경우가 있습니다. 이때 간단한 격려 표현을 건넨다면 상대방의 감동은 2배가 될 것입니다. 좋은 관계를 유지하는 하나의 수단이 될 수 있는 격려 표현을 익혀 보세요.

핵심 표현

부에나　　　수에르떼

¡Buena suerte!

행운을 빌어!

단어

suerte [수에르떼] *f.* 행운

¡Buena suerte!

스페인 사람들이 자주 하는 제스처 중 하나로, 손가락 검지 위에 중지를 꼬아 겹치는 제스처가 있습니다. 이것은 '행운을 빈다'라는 의미를 가지고 있으며, 중요한 시험을 앞둔 친구에게 응원의 마음을 담은 표현으로 이 제스처를 사용할 수 있습니다.

아니모
Ánimo.

힘내.

뿌에데   아쎄를로
Puede hacerlo.

당신은 할 수 있어요.

또도   바   비엔
Todo va bien.

다 잘 될 거예요.

노   쎄   쁘레오꾸뻬
No se preocupe.

걱정하지 마세요.

엿보기 단어

ánimo [아니모] *m.* 원기, 활력, 힘   **puede** [뿌에데] (당신은) ~할 수 있다

행운을 빌어!

¡Buena   !

힘내.

Á   .

당신은 할 수 있어요.

             hacerlo.

다 잘 될 거예요.

Todo va   .

걱정하지 마세요.

No se   .

Q. 축구 경기 관람 중 사람들이 외치는 '¡Vamos!'는 무슨 의미인가요?

vamos[바모스]는 원래 '가다'를 의미하는 동사 ir에서 나온 말로 '우리는 간다'라는 말을 할 때 사용하는 단어입니다. 이 단어를 활용해서 '다 같이 무언가를 해보자'라는 의미로 축구 경기뿐만 아니라 스페인의 명물인 투우 경기에서도 응원 용어로 자주 사용합니다.

● 응원 표현

올레
¡Olé! 　　　　　　　　　　　　　　　　　　힘내라 / 만세 / 잘했다!
→ 스페인의 민속춤인 '플라멩코' 공연 도중 손뼉 치며 외치는 말

비바
¡Viva! 　　　　　　　　　　　　　　　　　만세!
→ 축제나 경기에서 힘을 북돋는 말

알라
¡Hala! 　　　　　　　　　　　　　　　　　힘내라 / 나가자!
→ 스페인 마드리드의 명문 축구팀 '레알 마드리드'의 응원곡 가사

안다
¡Anda! 　　　　　　　　　　　　　　　　　자 / 어서 / 힘내자!
→ 주로 라틴아메리카에서 사용하는 응원의 말

주의, 경고하기

⌒ 01-31

주의를 요구하는 표현은 명령형을 주로 사용하지만, 일상생활에서 자주 쓰는 표현 중에는 명령형이 아닌 단어(명사)만을 가지고도 충분히 주의를 표현하는 말을 할 수 있습니다. 상대방이 당황하지 않으면서 주의를 기울일 수 있는 여러 가지 표현을 익혀 보세요.

핵심 표현

떼   꾸이다도

Ten cuidado.

조심해.

단어

ten [떼] (너는) 가져라

cuidado [꾸이다도]
m. 조심, 주의

Ten cuidado.

 Tip 처음 보는 사이나 격식이 필요한 사이에서 주의를 요구하는 표현을 사용할 경우에는 ten 대신 tenga [떼가]를 써서 'Tenga cuidado.'로 표현할 수 있습니다.

Tenga cuidado. 조심하세요.

오호
¡Ojo!
조심하세요!

노 로 올비데
No lo olvide.
그것을 잊지 마세요.

에스 뻴리그로쏘
Es peligroso.
위험해요.

야 바스따
Ya basta.
그만하세요.

 **엿보기 단어**

ojo [오호] *m.* 눈

no olvide [노 올비데] 잊지 마세요

peligroso/a [뻴리그로쏘/싸] 위험한

basta [바스따] (~이/가) 충분하다

조심해.

Ten   .

조심하세요!

¡O   !

그것을 잊지 마세요.

No lo   .

위험해요.

Es   .

그만하세요.

Ya   .

Q. 스페인 도로 표지판 중 자주 보이는 Ojo는 무슨 의미인가요?

Ojo[오호]는 신체 부위 중 '눈'을 의미하는 단어입니다. 우리가 누군가에게 '조심하라'는 의미를 담아 '잘 보고 다녀라'라는 말을 하는 경우가 있습니다. 보는 것은 '눈'과 연관되어 있기 때문에 스페인어로 '주의'라는 말을 대신해서 '눈'을 의미하는 단어를 쓰는 경우가 많습니다. 실제 스페인에는 경고나 주의를 요구하는 내용의 표지판 맨 위에 눈 모양의 그림과 함께 Ojo를 적어 둔 것을 흔히 볼 수 있습니다.

● 주의, 경고 문구

아뗀씨온
Atención.
주의, 경고

아드베르뗀씨아
Advertencia.
주의, 경고

알레르따
Alerta.
주의, 경보

아비소
Aviso.
알림, 주의, 경고, 경보

쁘레까우씨온
Precaución.
조심, 주의, 취급 주의

약속하기

🎧 01-33

스페인 사람들과 약속을 정할 때 유의해야 할 점이 있다면, 대부분의 사람들이 정해진 약속 시간보다 조금 늦게 도착한다는 것입니다. 우리 입장에서는 이해하기 힘든 부분일 수도 있지만, 스페인 문화이기 때문에 약속 시간을 조금 여유 있게 잡는 것을 추천합니다.

핵심 표현

띠에네   띠엠 뽀

¿Tiene tiempo?

시간 있어요?

단어를 바꿔서 표현해 보세요.

▫ **cita** [씨따] *f.* 약속

▫ **plan** [쁠란] *m.* 계획

단어

tiene [띠에네]
(당신은) 가지고 있다

tiempo [띠엠뽀]
m. 시간, 때, 날씨

Tip 스페인어 단어 중 '시간'을 의미하는 단어는 tiempo [띠엠뽀] 외에도 hora [오라]가 있습니다. 그러나 tiempo는 '때, 기간'을 의미하고, hora는 '시각, 시'를 의미하므로 단어 사용에 주의해야 합니다. '¿Tiene hora? [띠에네 오라]'는 직역하면 '시간 있으세요?'가 되지만, 시간을 묻는 '몇 시입니까?'의 표현이므로 tiempo와 혼동하지 않도록 주의하세요.

¿Tiene hora? [띠에네 오라] 몇 시입니까?

께다모스　　마냐나
¿Quedamos mañana?

우리 내일 만날까?

노스　베모스　에스따 따르데
Nos vemos esta tarde.

우리 오늘 오후에 만나요.

꽌도　　노스　　베모스
¿Cuándo nos vemos?

우리 언제 만날까요?

엔　　돈데　　노스　　베모스
¿En dónde nos vemos?

우리 어디에서 만날까요?

 엿보기 단어

quedamos [께다모스] (우리는) 만나다 　　　esta tarde [에스따 따르데] 오늘 오후
mañana [마냐나] 내일 　　　cuándo [꽌도] 언제
vemos [베모스] (우리가) 보다 　　　en dónde [엔 돈데] 어디에서

시간 있어요?

¿Tiene   ?

우리 내일 만날까?

¿   mañana?

우리 오늘 오후에 만나요.

Nos   esta tarde.

우리 언제 만날까요?

¿   nos vemos?

우리 어디에서 만날까요?

¿   nos vemos?

Q. 편한 사이에서 약속을 정할 수 있는 표현은 없나요?

조금 편한 사이라면 'Vamos a ~' 뒤에 동사원형을 붙여서 '우리 ~하자'라는 의미로 약속에
관한 다양한 표현을 만들 수 있습니다.

Vamos a + 동사원형

바모스　아　꼬메르
Vamos a comer.　　　　　　　　　우리 식사하러 가자.

바모스　아 이르 데　　꼬빠쓰
Vamos a ir de copas.　　　　　　우리 한잔하러 가자.

바모스　아　또마르　운　　까페
Vamos a tomar un café.　　　　 우리 커피 한잔하러 가자.

바모스　아　아블라르
Vamos a hablar.　　　　　　　　우리 이야기 좀 하자.

초대하기

🎧 01-35

스페인 사람들은 처음 만난 사람과도 어느 정도 친분을 쌓은 후에는 자신의 집에 초대하는 경우가 많습니다. 'Venga a ~'는 '~로 오세요'라는 의미로, 뒤에 말하고자 하는 단어를 넣어 다양한 문장을 만들 수 있습니다. venga [벵가]는 '오다'를 뜻하는 동사인 venir [베니르]의 명령형입니다.

벵가 아 미 까싸
Venga a mi casa.

우리 집 으로 오세요.

단어를 바꿔서 표현해 보세요.

▫ país [빠이쓰] *m.* 나라
▫ oficina [오피씨나] *f.* 사무실

단어

venga [벵가] 오세요
mi [미] 나의
a [아] ~에, ~로

Tip 스페인어로 '환영합니다'라는 말을 Bienvenido [비엔베니도]라고 합니다. 그런데 이 표현은 독특하게도 듣는 사람의 성과 수에 일치시켜 사용해야 합니다. 따라서 환영받는 사람이 남자 혼자인 경우에는 Bienvenido [비엔베니도], 여자 혼자인 경우에는 Bienvenida [비엔베니다], 남녀 혼성이거나 남자들만 여럿인 경우에는 Bienvenidos [비엔베니도스], 여자들만 여럿인 경우에는 Bienvenidas [비엔베니다스]로 표현합니다.

끼에로　　인비따를레

Quiero invitarle.

당신을 초대하고 싶습니다.

끼에레　베니르 아 미　까싸

¿Quiere venir a mi casa?

우리 집에 오실래요?

레　　인비또

Le invito.

제가 대접할게요.

※ 친한 사이에는 'Te invito. [떼 인비또]'라고 합니다.

끼에레　쎄나르 엔 미　까싸

¿Quiere cenar en mi casa?

우리 집에서 저녁 식사하실래요?

 엿보기 단어

quiero [끼에로] (나는) 원하다
quiere [끼에레] (당신은) 원하다

invito [인비또] (내가) 초대하다
cenar [쎄나르] 저녁 식사를 하다

우리 집으로 오세요.

Venga a mi   **.**

당신을 초대하고 싶습니다.

            invitarle.

우리 집에 오실래요?

¿   **venir a mi casa?**

제가 대접할게요.

Le   **.**

우리 집에서 저녁 식사하실래요?

¿Quiere   **en mi casa?**

Q. 초대한 사람이 왔을 때 건네는 인사말은 무엇이 있나요?

스페인어에는 초대한 사람에게 환영 인사로 건네는 독특한 인사 표현이 있습니다. 해석하면 어색한 문장이지만, 의미적으로 자주 사용하는 관용적 표현으로 이해할 수 있습니다.

그라씨아쓰 뽀르 베니르
Gracias por venir.
와주셔서 감사해요.

씨엔떼쎄 꼬모도
Siéntese cómodo.
편히 앉으세요.

● 관용적 표현

미 까싸 에스 뚜 까싸
Mi casa es tu casa.
편하게 있어.

> tu는 '너의'를 의미하고,
> su는 '당신의'를 의미합니다.

미 까싸 에스 수 까싸
Mi casa es su casa.
편히 계세요.

 지식 플러스

'Mi casa es tu casa. [미 까싸 에스 뚜 까싸]'와 'Mi casa es su casa. [미 까싸 에스 수 까싸]'는 직역하면 '나의 집이 너의/당신의 집입니다.'라는 어색한 해석이 됩니다. 하지만 이 표현들은 '내 집을 너의 집이라고 생각하고 편하게 있어.'라는 의미로 방문자에게 건네는 관용적 표현의 친근한 환영 인사입니다.

승낙하기

🎧 01-37

약속이나 초대를 제안받은 경우, 그 제안에 승낙할 때 단순히 'Sí.(네.)'라고 말하기보다 흔쾌히 승낙하는 다양한 표현을 하는 것이 상대방과의 관계를 돈독하게 유지하는데 도움이 됩니다. 제스처까지 동반해서 표현한다면 훨씬 더 효과적인 전달이 될 수 있습니다.

핵심 표현

뽀르   수뿌에스또
Por supuesto.

물론이죠.

단어

por supuesto
[뽀르 수뿌에스또]
(무엇을) 당연하다고 생각하다

Buena idea.

끌라로

Claro.

물론이죠.

꼬모   노

Cómo no.

당연하죠.

                 ※ 영어의 'Why not?'과 같은 표현입니다.

부에나   이데아

Buena idea.

좋은 생각입니다.

메   비에네   비엔

Me viene bien.

나는 좋아요.

 엿보기 단어

claro [끌라로] 명확히, 분명히   viene [비에네] (~이/가) 오다, 맞다
idea [이데아] *f.* 생각, 아이디어

물론이죠.

Por   .

물론이죠.

C   .

당연하죠.

             no.

좋은 생각입니다.

Buena   .

나는 좋아요.

Me   **bien.**

질문 있어요!

Q. 만국 공통어 Ok!는 스페인에서 통하지 않나요?

승낙하는 가장 기본적인 말은 'Ok'입니다. 그러나 스페인에서는 거의 사용하지 않는 것이 사실입니다. 물론, Ok라고 말했을 때 의사소통이 불가능하지는 않지만 스페인에서는 Ok를 대신하는 다른 표현이 있기 때문에 굳이 사용하지 않을 뿐입니다. 현지인들이 자주 사용하는 Ok와 같은 의미를 가진 스페인어를 익혀 보세요.

발레

Vale. 알겠습니다, 좋아요.

데 아꾸에르도

De acuerdo. 알겠습니다, 좋아요.

일상생활에서는 주로 'Vale.' 라고 표현하고, 공식적인 자리 에서는 'De acuerdo.'를 사 용합니다.

무이 비엔

Muy bien. 좋아요.

지식 플러스

'Muy bien.'은 다양한 상황에서 활용할 수 있는 표현으로 안부 표현과 칭찬 표현 외에 위와 같이 상대 방의 말을 이해했다는 의미로 쓰이기도 합니다.

거절하기

🎧 01-39

약속이나 초대를 부득이하게 거절할 때는 상대방의 기분이 상하지 않도록 정중하게 거절하는 것이 중요합니다. 우선 초대를 해준 것에 대해 감사를 표한 후에 거절하는 것도 매너 있게 거절하는 방법 중 하나입니다.

 핵심 표현

노   그라씨아쓰

No, gracias.

사양할게요. (괜찮아요.)

단어

no [노] 아니다
gracias [그라씨아쓰] *f.* 감사

Tengo otra cita.

로 씨엔또 뻬로 노 뿌에도
Lo siento, pero no puedo.
죄송합니다만, 안 될 것 같아요.

떼고 오뜨라 씨따
Tengo otra cita.
다른 약속이 있어요.

오이 노 뗑고 띠엠뽀
Hoy no tengo tiempo.
오늘은 제가 시간이 없어요.

그라씨아쓰 뻬로 노 뿌에도
Gracias, pero no puedo.
감사합니다만, 안 될 것 같아요.

 엿보기 단어

puedo [뿌에도] (나는) 할 수 있다   cita [씨따] *f.* 약속

사양할게요. (괜찮아요.)

No,   **.**

죄송합니다만, 안 될 것 같아요.

Lo siento, pero no   **.**

다른 약속이 있어요.

Tengo otra   **.**

오늘은 제가 시간이 없어요.

Hoy no tengo   **.**

감사합니다만, 안 될 것 같아요.

Gracias, pero no   **.**

Q. 조금 더 센스 있게 거절하는 표현은 없을까요?

단순히 미안함을 전달하며 거절하는 일반적인 표현 외에 간접적으로 거절 의사를 전달하는 표현도 있습니다. 상대방과의 좋은 관계를 유지하기 위해 조금 더 센스 있게 거절하는 표현을 익혀 보세요.

끼싸 엔 오뜨로 모멘또
Quizá en otro momento.

다음에 해요. (다음 기회에 해요.)

메 엔깐따리아 뻬로 노 뿌에도
Me encantaría, pero no puedo.

그러면 좋겠지만, 그럴 수 없네요.

노 쎄 씨 뗑고 띠엠뽀
No sé si tengo tiempo.

제가 시간이 될지 모르겠어요.

취미 말하기

🎧 01-41

상대방과 친분을 쌓는 가장 좋은 대화 주제는 바로 '취미'입니다. 서로의 취미를 공유하고 좋은 관계를 유지하기 위해서 'Me gusta ~ (나는 ~을 좋아하다)' 표현을 활용하여 자신의 취미를 말해 보세요.

핵심 표현

메　　구스따　　라　　뻴리꿀라
Me gusta la película.

나는 영화 를 좋아해요.

단어를 바꿔서 표현해 보세요.

▫ **el deporte** [엘 데뽀르떼] *m.* 운동
▫ **la música** [라 무씨까] *f.* 음악

단어

Me gusta [메 구스따]
(나는 ~을) 좋아하다
película [뻴리꿀라] *f.* 영화

Tip　'Me gusta ~' 표현은 우리가 배웠던 일반적인 문장과는 조금 다른 구조를 갖고 있습니다. 보통 「주어+동사+목적어」의 어순을 따르지만 'Me gusta ~' 표현은 「간접 목적대명사(Me)+동사(gusta)+주어」의 어순을 따르며, 직역하면 '나에게 ~이 마음에 들다'로 해석되지만 실제로는 '나는 ~을 좋아한다'라는 의미로 이해할 수 있습니다.

메 구스따 엘 리브로
Me gusta el libro.

나는 책을 좋아해요.

메 구스따 비아하르
Me gusta viajar.

나는 여행하는 것을 좋아해요.

메 엔깐따 후가르 알 골프
Me encanta jugar al golf.

나는 골프 치는 것을 정말 좋아해요.

※ Me encanta ~ : 나는 ~을 정말 좋아하다

메 엔깐따 이르 데 꼼쁘라스
Me encanta ir de compras.

나는 쇼핑하는 것을 정말 좋아해요.

엿보기 단어

libro [리브로] *m.* 책
viajar [비아하르] 여행하다

jugar al golf [후가르 알 골프] 골프를 치다
ir de compras [이르 데 꼼쁘라스] 쇼핑을 하다

나는 영화를 좋아해요.

Me gusta   **.**

나는 책을 좋아해요.

Me   **el libro.**

나는 여행하는 것을 좋아해요.

Me gusta   **.**

나는 골프 치는 것을 정말 좋아해요.

Me   **jugar al golf.**

나는 쇼핑하는 것을 정말 좋아해요.

Me encanta   **.**

Q. 상대방의 취미가 궁금할 때는 어떻게 물어보나요?

상대방이 나의 취미에 관심을 보였다면, 반대로 상대방의 취미에 대해서도 물어보는 것이 좋습니다. 단순히 취미가 무엇인지 물어볼 수도 있고 구체적인 취미생활을 언급하면서 상대방이 좋아하는지를 물어볼 수도 있습니다.

꾸알 에스 수 아피씨온
¿Cuál es su afición?　　　　당신의 취미는 무엇인가요?

께 아쎄 엔 수 띠엠뽀 리브레
¿Qué hace en su tiempo libre?　여가 시간에 당신은 무엇을 하나요?

 지식 플러스

'당신은 ~을 좋아하나요?'라는 표현으로 구체적인 취미 활동을 좋아하는지 물어보는 경우에는 '¿Le gusta ~?' 표현을 활용할 수 있습니다.

레 구스따 엘 몬따니스모
¿Le gusta el montañismo?　당신은 등산을 좋아하나요?

레 구스따 꼬씨나르
¿Le gusta cocinar?　당신은 요리를 좋아하나요?

날씨 표현하기

🎧 01-43

스페인 사람들은 상대방과 친분이 두터운 경우를 제외하고는 개인적인 신상이나 사회적, 정치적 이슈에 대한 대화를 거의 하지 않습니다. 따라서, 처음 만난 사람과는 날씨에 대한 화제로 가볍게 대화를 시작하는 것이 자연스럽습니다.

핵심 표현

아쎄   깔로르

Hace calor.

날씨가 더워요.

단어를 바꿔서 표현해 보세요.

▫ **frío** [프리오] *m.* 추위

▫ **sol** [쏠] *m.* 태양

단어

hace [아쎄] (날씨가) ~하다
calor [깔로르] *m.* 더위

Tip   hace[아쎄]는 '하다, 만들다'의 의미를 갖는 'hacer[아쎄르] 동사'의 3인칭 단수 변화형입니다. 하지만 날씨를 표현할 때는 원래 가지고 있는 '하다, 만들다'의 의미로 쓰이지 않고 '(날씨가) ~하다'라는 의미로 해석되며, 이 경우에는 3인칭 단수형으로만 씁니다.

아쎄   비엔또

Hace viento.

날씨가 바람이 불어요.

아쎄   프레스꼬

Hace fresco.

날씨가 선선해요.

아쎄   부엔   띠엠뽀

Hace buen tiempo.

날씨가 좋아요.

아쎄   말   띠엠뽀

Hace mal tiempo.

날씨가 좋지 않아요.

 **엿보기 단어**

viento [비엔또] *m.* 바람   mal [말] 좋지 않은
fresco [프레스꼬] *m.* 선선함

날씨가 더워요.

Hace c   .

날씨가 바람이 불어요.

Hace v   .

날씨가 선선해요.

Hace f   .

날씨가 좋아요.

Hace buen   .

날씨가 좋지 않아요.

Hace   **tiempo.**

Q. 날씨를 말할 때는 무조건 hace만 쓰나요?

아닙니다. 상태를 나타내는 **está** 동사를 활용해서 날씨를 말하기도 하고, '~이 있다'를 나타내는 **hay** 동사를 활용해서 표현하기도 합니다. 의미에는 큰 차이가 없지만, 어법적으로 조금 다른 부분이 있습니다. **hace**와 **hay**를 활용한 경우에는 날씨와 관련된 '명사'를 쓰고 **está**를 활용한 경우에는 '형용사'를 씁니다.

- hace/hay + 명사

  아쎄　쏠
  Hace sol.　　　　　　　　　　　　　　　날씨가 맑아요.

  아이　비엔또
  Hay viento.　　　　　　　　　　　　　바람이 불어요.

- está + 형용사

  에스따　　우메도
  Está húmedo.　　　　　　　　　　　날씨가 습해요.

  에스따　　데스뻬하도
  Está despejado.　　　　　　　　　날씨가 화창해요.

날짜 & 요일 표현하기

🎧 01-45

날짜나 요일에 관련된 표현은 일상생활에서 자주 사용하는 표현입니다. 스페인어는 '일–월'의 순서로 날짜를 말하며, 월 이름과 요일 이름만 잘 기억한다면 어떠한 상황에서도 쉽게 말할 수 있습니다.

오이　　에스　　　루네쓰
Hoy es lunes.

오늘은 월요일 입니다.

단어를 바꿔서 표현해 보세요.

● 요일

월요일	lunes [루네쓰]	금요일	viernes [비에르네쓰]
화요일	martes [마르떼쓰]	토요일	sábado [싸바도]
수요일	miércoles [미에르꼴레쓰]	일요일	domingo [도밍고]
목요일	jueves [후에베쓰]		

 영어는 요일이나 월(月)을 표기할 때 항상 대문자를 쓰지만, 스페인어에서는 문장의 첫 단어로 요일이나 월(月)이 오는 경우가 아니면 항상 소문자로 씁니다.

마냐나　에스　후에베쓰
Mañana es jueves.

내일은 목요일입니다.

에스따모스　엔　후니오
Estamos en junio.

지금은 6월입니다.

오이 에스 우노　데　에네로
Hoy es uno de enero.

오늘은 1월 1일입니다.

마냐나　에스　낀쎄　데　아고스또
Mañana es quince de agosto.

내일은 8월 15일입니다.

 엿보기 단어

ahora [아오라] 지금
hoy [오이] 오늘

uno [우노] (숫자) 1
quince [낀쎄] (숫자) 15

오늘은 월요일입니다.

Hoy es _____ .

내일은 목요일입니다.

Mañana es _____ .

지금은 6월입니다.

Estamos en _____ .

오늘은 1월 1일입니다.

Hoy es _____ **de enero.**

내일은 8월 15일입니다.

Mañana es quince de _____ .

Q. 날짜와 요일을 물을 때는 어떻게 말하나요?

스페인어로 날짜와 요일을 묻는 표현은 다양합니다. 그중 가장 기본적인 표현을 익혀 보세요.

께 페챠 에스 오이
¿Qué fecha es hoy?

오늘은 며칠입니까?

día는 '날, 일'을 의미하는 단어지만, 스페인어로 요일을 묻는 표현에 사용합니다.

께 디아 에스 오이
¿Qué día es hoy?

오늘은 무슨 요일입니까?

지식 플러스

● 달, 월

월	스페인어	월	스페인어
1월	enero [에네로]	7월	julio [훌리오]
2월	febrero [페브레로]	8월	agosto [아고스또]
3월	marzo [마르쏘]	9월	septiembre [쎕띠엠브레]
4월	abril [아브릴]	10월	octubre [옥뚜브레]
5월	mayo [마요]	11월	noviembre [노비엠브레]
6월	junio [후니오]	12월	diciembre [디씨엠브레]

축하하기

🎧 01-47

누군가에게 축하를 표현하는 말은 단순히 그 말을 전달하는 의미 이상으로 '상대방이 잘한 일, 기쁜 일을 나도 함께 기뻐한다'라는 마음도 함께 전달하는 역할을 합니다. 기념일 또는 명절과 같이 다양한 시기에 사용할 수 있는 축하 표현들을 익혀 보세요.

핵심 표현

펠리쓰　　　　꿈쁠레아뇨스

¡Feliz cumpleaños!

생일 축하해!

¡Felicidades!

단어

cumpleaños

[꿈쁠레아뇨스] *m.* 생일

Tip '생일'을 뜻하는 cumpleaños [꿈쁠레아뇨스]는 '이루다, 성취하다'를 뜻하는 동사인 cumplir [꿈쁠리르]와 '나이'를 의미하는 años [아뇨스]가 만나서 생일을 뜻하는 하나의 단어로 쓰입니다.

펠리씨다데스

¡Felicidades!

축하해!

엔오라부에나

¡Enhorabuena!

축하해!

펠리쓰   나비닫

¡Feliz Navidad!

메리 크리스마스!

펠리쓰   아뇨   누에보

¡Feliz Año Nuevo!

새해 복 많이 받으세요!

 엿보기 단어

felicidad [펠리씨닫] *f.* 축하
enhorabuena [엔오라부에나] *f.* 축하 인사
Navidad [나비닫] *f.* 크리스마스

año [아뇨] *m.* 연, 해
nuevo [누에보] 새로운

생일 축하해!

¡Feliz _____!

축하해!

¡F _____!

축하해!

¡E _____!

메리 크리스마스!

¡Feliz _____!

새해 복 많이 받으세요!

¡Feliz Año _____!

질문 있어요!

Q. 축하 인사를 받았다면 어떻게 대답해야 할까요?

축하 인사를 받으면 당연히 답례 표현을 하는 것이 예의입니다. 간단한 Gracias.(고맙습니다.) 표현 외에 상대방의 축하 인사에 감동받은 마음을 전달할 수 있는 다양한 표현을 익혀 보세요.

		에스또이	에모씨오나도	
(말하는 사람이 남자)		**Estoy emocionado.**		감동이에요.

		에스또이	에모씨오나다	
(말하는 사람이 여자)		**Estoy emocionada.**		감동이에요.

 지식 플러스

크리스마스나 새해처럼 축하 인사를 서로 주고받는 경우에는 감사 인사보다 '나도 역시 축하한다'라는 의미의 표현이 더 적합합니다.

이구알멘떼

Igualmente. 당신도요.

¡Ánimo!

Unit 1. 장소 묻기

Unit 2. 상점 찾기

Unit 3. 길 묻기

Unit 4. 위치 말하기

Unit 5. 버스/기차표 구입하기

Unit 6. 대중교통 이용하기

Unit 7. 렌터카 이용하기

Unit 8. 시작과 끝 질문하기

Unit 9. 물건 찾기

Unit 10. 쇼핑하기

Unit 11. 계산하기

Unit 12. 교환 및 환불하기

Unit 13. 음식점 이용하기

Unit 14. 주문하기

Unit 15. 추가 요청하기

Unit 16. 패스트푸드점 & 카페 이용하기

Unit 17. 관광 안내소 이용하기

Unit 18. 관광하기

Unit 19. 호텔 체크인/아웃 하기

Unit 20. 호텔 이용하기

Unit 21. 병원 & 약국 이용하기

Unit 22. 위급상황 표현하기

Unit 23. 항공사 카운터 이용하기

Unit 24. 공항 이용하기

생활 표현

익히기

Unit 1

장소 묻기

🎧 02-01

여행을 가면 가장 많이 쓰는 표현이 바로 장소를 묻는 표현입니다. 위치와 관련된 질문은 '¿Dónde está ~?(~은 어디에 있나요?)'를 활용합니다. '¿Dónde está ~?' 뒤에 찾고자 하는 장소를 넣으면 해당 장소의 위치를 물을 수 있습니다. 장소명이 복수형인 경우에는 está[에스따] 대신 están[에스딴]을 사용합니다.

돈데　　에스따　엘　　바뇨

¿Dónde está el baño?

화장실 은 어디에 있나요?

단어를 바꿔서 표현해 보세요.

- la farmacia [라 파르마씨아] *f.* 약국
- el hospital [엘 오스삐딸] *m.* 병원
- el museo [엘 무쎄오] *m.* 박물관
- el hotel [엘 오뗄] *m.* 호텔
- el supermercado [엘 수뻬르메르까도] *m.* 슈퍼마켓
- la comisaría [라 꼬미사리아] *f.* 경찰서
- el banco [엘 방꼬] *m.* 은행
- el centro comercial [엘 쎈뜨로 꼬메르씨알] *m.* 쇼핑몰

단어

dónde [돈데] 어디에
baño [바뇨] *m.* 화장실

응용 표현 익히기 🎧 02-02

돈데　에스따 엘　메뜨로　마쓰　쎄르까노

¿Dónde está el metro más cercano?

가장 가까운 지하철(역)은 어디에 있나요?

에스 아끼 라　빠라다　데 딱씨

¿Es aquí la parada de taxi?

여기가 택시 정류장인가요?

아이　운　부엔　ㄹ레스따우란떼

¿Hay un buen restaurante?

좋은 레스토랑이 있나요?

에스따　쎄르까　데　아끼

¿Está cerca de aquí?

여기서 가깝나요?

 **엿보기 단어**

metro [메뜨로] *m.* 지하철
parada de taxi [빠라다 데 딱씨]
f. 택시 정류장

restaurante [ㄹ레스따우란떼] *m.* 레스토랑
cerca de [쎄르까 데] ~ 가까이에

화장실은 어디에 있나요?

¿Dónde está   ?

가장 가까운 지하철(역)은 어디에 있나요?

¿Dónde está   más cercano?

여기가 택시 정류장인가요?

¿Es aquí   ?

좋은 레스토랑이 있나요?

¿Hay un buen   ?

여기서 가깝나요?

¿Está   aquí?

돈데　에스따 엘　메뜨로　마쓰　쎄르까노

¿Dónde está el metro más cercano?

가장 가까운 지하철(역)은 어디에 있나요?

에스따 엔 라　에스끼나

➡ **Está en la esquina.**　　　　코너에 있습니다.

에스따 아 라　　데레챠

➡ **Está a la derecha.**　　　　오른쪽에 있습니다.

에스 아끼 라 빠라다 데 딱씨

¿Es aquí la parada de taxi?

여기가 택시 정류장인가요?

씨　아끼 에스

➡ **Sí, aquí es.**　　　　네, 여기가 맞습니다.

노　아끼 에스 라 데　아우또부스

➡ **No, aquí es la de autobús.**　　아니요, 여기는 버스 정류장입니다.

상점 찾기

🎧 02-03

여행에서 빼놓을 수 없는 것이 바로 쇼핑입니다. 스페인은 백화점보다 쇼핑몰 형태의 상점이나 길거리의 개인 상점이 많기 때문에 상점을 찾는 다양한 표현을 알아두는 것이 좋습니다. 구입하고자 하는 물건을 스페인어로 어떻게 표현할지 모를 때는 중성 지시대명사인 esto(이것)를 활용하면 됩니다.

핵심 표현

돈데　　쎄　　꼼쁘라　　에스또

¿Dónde se compra esto?

이것 은 어디서 사나요?

단어를 바꿔서 표현해 보세요.

- agua [아구아] *f.* 물
- el recuerdo [엘 르레꾸에르도] *m.* 기념품
- el billete [엘 비예떼] *m.* 티켓
- la entrada [라 엔뜨라다] *f.* 입장권

단어

se compra [쎄 꼼쁘라]
(일반적으로) 구매하다

돈데 쎄 벤데 에스또

¿Dónde se vende esto?

이것은 어디에서 파나요?

엔 께 쁠란따 에스따 라 후게떼리아

¿En qué planta está la juguetería?

장난감 가게는 몇 층인가요?

※ 남미에서는 '층'을 piso[삐소]라고 합니다.

띠에네 우니포르메 델 르레알 마드릳

¿Tiene uniforme del Real Madrid?

레알 마드리드 유니폼 있나요?

아끼 쎄 벤데 에스또

¿Aquí se vende esto?

여기에 이것을 파나요?

 **엿보기 단어**

---

planta [쁠란따] *f.* 층

uniforme [우니포르메] *m.* 유니폼

juguetería [후게떼리아] *f.* 장난감 가게

이것은 어디서 사나요?

¿Dónde se compra   **?**

이것은 어디에서 파나요?

¿Dónde se vende   **?**

장난감 가게는 몇 층인가요?

¿En qué planta está   **?**

레알 마드리드 유니폼 있나요?

¿Tiene   **del Real Madrid?**

여기에 이것을 파나요?

¿Aquí se vende   **?**

돈데 쎄 꼼쁘라 엘 비예떼

¿Dónde se compra el billete?

티켓은 어디서 사나요?

라 따끼야 에스따 아야

➡ La taquilla está allá.

매표소는 저기에 있습니다.

아끼 쎄 뿌에데 꼼쁘라를로

➡ Aquí se puede comprarlo.

여기서 살 수 있습니다.

엔 께 쁠란따 에스따 라 후게떼리아

¿En qué planta está la juguetería?

장난감 가게는 몇 층인가요?

에스따 엔 라 쎄군다 쁠란따

➡ Está en la segunda planta.

2층에 있습니다.

아끼 노 아이 후게떼리아

➡ Aquí no hay juguetería.

여기는 장난감 가게가 없습니다.

길 묻기

🎧 02-05

스페인은 도로명 주소 체계로 모든 주소가 거리를 중심으로 구성되어 있습니다. 익숙하지 않은 곳에서 우리나라와는 다른 방식의 주소를 보고 길을 찾기란 쉽지 않은 일입니다. 목적지에 가기 위해 길을 묻는 간단한 표현을 익혀 보세요. 원하는 장소로 가는 방법에 대해 묻는 표현에는 주로 '어떻게'를 의미하는 **cómo** 의문사를 씁니다.

 핵심 표현

꼬모 쎄 바 아 라 쁠라싸

¿Cómo se va a la plaza?

광장 에 어떻게 가나요?

단어를 바꿔서 표현해 보세요.

- la parada [라 빠라다] f. 정류장
- la catedral [라 까떼드랄] f. 성당
- la estación [라 에스따씨온] f. 역
- esta dirección [에스따 디렉씨온] 이 주소

단어

cómo [꼬모] 어떻게
se va [쎄 바] (일반적으로) 가다
a [아] ~에, ~로
plaza [쁠라싸] f. 광장

꼬모　쎄　예가　알　메르까도

¿Cómo se llega al mercado?

시장에 어떻게 가나요?

※ 전치사 'a' 뒤에 남성 명사가 올 경우, 함께 오는 남성 단수 정관사 'el'과 결합되어 'al'로 표기합니다.

꽌또　쎄　따르다　아스따　엘　무쎄오

¿Cuánto se tarda hasta el museo?

박물관까지 얼마나 걸리나요?

뿌에도　이르　아　삐에

¿Puedo ir a pie?

걸어갈 수 있나요?

뽀르　돈데　쎄　바　아　라　오피씨나　데　뚜리스모

¿Por dónde se va a la oficina de turismo?

관광 안내소는 어느 쪽으로 가나요?

 엿보기 단어

mercado [메르까도] *m.* 시장
museo [무쎄오] *m.* 박물관
a pie [아 삐에] 걸어서

por dónde [뽀르 돈데] 어느 쪽으로
oficina de turismo [오피씨나 데 뚜리스모]
f. 관광 안내소

광장에 어떻게 가나요?

¿Cómo se va a   ?

시장에 어떻게 가나요?

¿Cómo se llega al   ?

박물관까지 얼마나 걸리나요?

¿Cuánto se tarda hasta   ?

걸어갈 수 있나요?

¿Puedo ir   ?

관광 안내소는 어느 쪽으로 가나요?

¿Por dónde se va a   ?

꼬모 쎄 바 알 메르까도

¿Cómo se va al mercado?

시장에 어떻게 가나요?

씨가 또도 르렉또

➡ Siga todo recto.

계속 직진하세요.

히레 아 라 데레챠

➡ Gire a la derecha.

오른쪽으로 도세요.

뿌에도 이르 아 삐에

¿Puedo ir a pie?

걸어갈 수 있나요?

씨 에스따 무이 쎄르까

➡ Sí, está muy cerca.

네, 굉장히 가깝습니다.

노 띠에네 께 또마르 엘 메뜨로

➡ No, tiene que tomar el metro.

아니요, 지하철을 타셔야 합니다.

위치 말하기

🎧 02-07

장소의 위치를 표현할 때는 '~에 있다'의 뜻을 가진 estar[에스따르] 동사를 쓰고,
그 뒤에 위치를 나타내는 다양한 표현을 더해서 문장을 완성합니다.

핵심 표현

에스따 아 라　　　이쓰끼에르다

Está **a la izquierda**.

왼쪽에 있어요.

단어를 바꿔서 표현해 보세요.

- a la derecha [아 라 데레챠] 오른쪽에
- en la esquina [엔 라 에스끼나] 모퉁이에
- en la glorieta [엔 라 글로리에따] 로터리에
- en el centro [엔 엘 쎈뜨로] 가운데에
- en el cruce [엔 엘 끄루쎄] 교차로에
- en el semáforo [엔 엘 쎄마포로] 신호등에

단어

a la izquierda
[아 라 이쓰끼에르다] 왼쪽에

뽀르 아끼

Por aquí.

이쪽으로 가세요.

또메 라 쎄군다 까예 아 라 데레챠

Tome la segunda calle a la derecha.

두 번째 길에서 오른쪽으로 가세요.

까미네 우나 만싸나 마쓰

Camine una manzana más.

한 블록 더 가세요.

에스따 까예 바 알 미라도르

¿Esta calle va al mirador?

이 길이 전망대로 가는 길인가요?

 **엿보기 단어**

aquí [아끼] 이쪽, 여기   manzana [만싸나] *f.* 블록

a la derecha [아 라 데레챠] 오른쪽에   mirador [미라도르] *m.* 전망대

왼쪽에 있어요.

Está   **.**

이쪽으로 가세요.

Por   **.**

두 번째 길에서 오른쪽으로 가세요.

Tome la segunda calle   **.**

한 블록 더 가세요.

Camine una   **más.**

이 길이 전망대로 가는 길인가요?

¿Esta calle va al   **?**

까미네　우나　만싸나　마쓰
Camine una manzana más.
한 블록 더 가세요.

뽀르 에스떼 라도
➡ **¿Por este lado?** 　　　　　　이쪽으로요?

그라씨아쓰　무이　아마블레
➡ **Gracias. Muy amable.** 　　　감사합니다. 친절하시네요.

에스따　까예 바 알　미라도르
¿Esta calle va al mirador?
이 길이 전망대로 가는 길인가요?

씨 에스 꼬르렉또
➡ **Sí, es correcto.** 　　　　　　네, 맞습니다.

노 에스 라　디렉씨온　꼰뜨라리아
➡ **No, es la dirección contraria.** 　아니요, 반대 방향입니다.

길 안내 표현과 주소 읽기

길을 안내할 때 필요한 표현 중 가장 많이 쓰는 표현입니다.

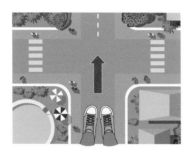

씨가 또도 르렉또

Siga todo recto.

직진하십시오.

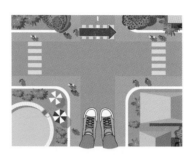

끄루쎄 라 까예

Cruce la calle.

길을 건너십시오.

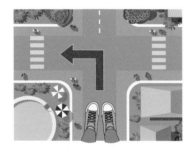

히레 아 라 이쓰끼에르다

Gire a la izquierda.

좌회전하십시오.

히레 아 라 데레챠

Gire a la derecha.

우회전하십시오.

Tip ● 스페인 주소 읽기

스페인의 주소는 우리나라와 다르게 건물의 호수를 표기하지 않고 '몇 층 어느 쪽'인지를 기재합니다. 주소를 적는 순서는 '거리-번지 수-층수-문 번호' 순으로 표기합니다. 또한, 약자로 표기하는 경우가 대부분이기 때문에 주소의 약자를 알아야 주소를 읽을 수 있습니다.

C/ Santa Maria 45, 3º, 2ª
└거리 이름   └번지수 / 층수 / 문 번호

28012 – Madrid
└우편번호 └도시 이름

스페인의 알록달록 도로명 표지판

스페인의 도로명 표지판은 독창적이며 모양과 디자인도 매우 다양합니다. 도로명 주소 체계인 스페인은 길 양쪽 끝에 위치한 건물 외벽에 해당 도로의 이름을 표기해 둡니다. 도로와 도시마다 각기 다른 그림과 디자인으로 되어있으며, 독특한 디자인 덕분에 여행객들의 인기도 높아서 기념품으로도 판매하고 있습니다.

● 주소 어휘 및 약자

어휘	약자	의미
calle [까예]	c/	길, 거리 (도로명 앞에 붙이는 단어)
callejón [까예혼]	cjón.	골목
avenida [아베니다]	Av. 또는 Avda.	대로
autopista [아우또삐스따]	AP	고속도로
autovía [아우또비아]	AV	자동차 전용도로
tercer piso [떼르쎄르 삐소]	3°	3층
tercera puerta [떼르쎄라 뿌에르따]	3ª	3번째 문
izquierda [이쓰끼에르다]	izq.	왼쪽
derecha [데레챠]	dcha.	오른쪽

버스/기차표 구입하기

🎧 02-09

스페인은 대중교통이 잘 갖추어져 있는 나라 중 하나로 여행할 때 큰 어려움 없이 이동할 수 있습니다. 가장 많이 이용하는 대중교통은 버스와 기차가 있습니다. 버스나 기차표를 구입할 때는 'por favor' 표현을 활용할 수 있습니다.

핵심 표현

운   비예떼   데   이다   뽀르   파보르
Un billete de ida, por favor.

편도 표 한 장 주세요.

단어를 바꿔서 표현해 보세요.

- ida y vuelta [이다 이 부엘따] 왕복
- clase preferente [끌라쎄 쁘레페렌떼] 일등석
- ida y vuelta abierta

  [이다 이 부엘따 아비에르따] 오픈

- clase turista [끌라쎄 뚜리스따] 일반석

단어

billete [비예떼] *m.* 표
de [데] ~의

운 비예떼 빠라 마드릳 뽀르 파보르
Un billete para Madrid, por favor.

마드리드행 표 한 장 주세요.

도스 아둘또스 이 뜨레스 니뇨스
Dos adultos y tres niños.

어른 2명과 아이 3명입니다.

아이 데스꾸엔또 빠라 에스뚜디안떼스
¿Hay descuento para estudiantes?

학생 할인이 있나요?

꽌도 쌀레 엘 씨겐떼 아우또부스
¿Cuándo sale el siguiente autobús?

다음 버스는 언제 출발하나요?

엿보기 단어

adulto [아둘또] *m.* 어른	descuento [데스꾸엔또] *m.* 할인
niño [니뇨] *m.* 남자 아이	cuándo [꽌도] 언제

편도 표 한 장 주세요.

Un billete de _____ **, por favor.**

마드리드행 표 한 장 주세요.

Un _____ **para Madrid, por favor.**

어른 2명과 아이 3명입니다.

Dos _____ **y tres niños.**

학생 할인이 있나요?

¿Hay _____ **para estudiantes?**

다음 버스는 언제 출발하나요?

¿ _____ **sale el siguiente autobús?**

아이　　　데스꾸엔또　　빠라　　에스뚜디안떼스
¿Hay descuento para estudiantes?
학생 할인이 있나요?

수　　까르네　데　에스뚜디안떼　뽀르　파보르
➡ **Su carné de estudiante, por favor.** 학생증을 보여주세요.

노　아이　　닌군　　데스꾸엔또
➡ **No hay ningún descuento.** 할인은 없습니다.

꽌도　　쌀레　엘　　씨겐떼　　아우또부스
¿Cuándo sale el siguiente autobús?
다음 버스는 언제 출발하나요?

쌀레 아 라스　씽꼬　엔　　뿐또
➡ **Sale a las cinco en punto.** 5시 정각에 출발합니다.

아끼　에스따　엘　　오라리오
➡ **Aquí está el horario.** 여기 시간표가 있습니다.

Unit 6

대중교통 이용하기

스페인은 도시별로 가볼 만한 곳이 많기 때문에 한 도시에만 머무르지 않고 도시 간 이동을 하며 여행을 즐기는 경우가 많습니다. 이동과 관련된 표현에는 '가다'를 의미하는 ir 동사를 주로 쓰며, 대중교통은 대부분 3인칭 단수 주어에 해당하므로 va로 변형해서 다양한 대중교통 이용에 관한 표현을 익혀 보세요.

바 아 라 쁠라싸

¿Va a la plaza?

광장으로 가나요?

단어를 바꿔서 표현해 보세요.

- a la catedral [아 라 까떼드랄] 성당으로
- al parque [알 빠르께] 공원으로
- a la terminal [아 라 떼르미날] 터미널로
- al centro [알 쎈뜨로] 시내로
- al aeropuerto [알 아에로뿌에르또] 공항으로
- a la estación [아 라 에스따씨온] 역으로

단어

va [바] (지하철, 버스 등이) 가다

메 다 운 쁠라노 데 메뜨로
¿Me da un plano de metro?

지하철 노선도를 주시겠습니까?

꽌또 꼬스따라 아스따 엘 아에로뿌에르또
¿Cuánto costará hasta el aeropuerto?

공항까지 요금이 얼마나 될까요?

빠레 아끼 뽀르 파보르
Pare aquí, por favor.

여기서 세워주세요.

꽌도 비에네 엘 씨겐떼 뜨렌
¿Cuándo viene el siguiente tren?

다음 기차는 언제 옵니까?

 엿보기 단어

plano de metro [쁠라노 데 메뜨로]
m. 지하철 노선도

aeropuerto [아에로뿌에르또] *m.* 공항

pare [빠레] 멈추세요
siguiente [씨겐떼] 다음의

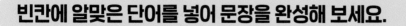

빈칸에 알맞은 단어를 넣어 문장을 완성해 보세요.

광장으로 가나요?

¿Va   ?

지하철 노선도를 주시겠습니까?

¿Me da   ?

공항까지 요금이 얼마나 될까요?

¿Cuánto costará hasta   ?

여기서 세워주세요.

               aquí, por favor.

다음 기차는 언제 옵니까?

¿Cuándo viene el   tren?

메 다 운 쁠라노 데 메뜨로
¿Me da un plano de metro?
지하철 노선도를 주시겠습니까?

끌라로   아끼 로   띠에네
➡ **Claro. Aquí lo tiene.**   물론이죠. 여기 있습니다.

데베 이르아 라   오피씨나   데   뚜리스모
➡ **Debe ir a la oficina de turismo.**   관광 안내소로 가셔야 합니다.

꽌또   꼬스따라   아스따   엘   아에로뿌에르또
¿Cuánto costará hasta el aeropuerto?
공항까지 요금이 얼마나 될까요?

마쓰 오   메노스   뜨레인따 에우로스
➡ **Más o menos treinta euros.**   대략 30유로입니다.

노   꼬스따라   무쵸
➡ **No costará mucho.**   요금이 많이 들지는 않을 겁니다.

렌터카 이용하기

🎧 02-13

스페인 여행 시, 저가 항공이나 기차 등을 이용하는 방법도 있지만 아기자기한 소도 시들을 둘러보며 여유 있게 여행할 때는 렌터카를 이용하는 것도 좋은 방법입니다. 'Deme.(저한테 주세요.)'라는 표현을 활용해서 렌터카 이용 표현을 익혀 보세요.

핵심 표현

데메　　　운　　　꼬체　　　빼께뇨
Deme un coche pequeño.

소형차 로 주세요.

단어를 바꿔서 표현해 보세요.

▫ coche mediano [꼬체 메디아노] *m.* 중형차

▫ sedán [쎄단] *m.* 세단

단어

deme [데메] 저한테 주세요
coche pequeño
[꼬체 빼께뇨] *m.* 소형차

끼에로 알낄라르 운 꼬체
Quiero alquilar un coche.

차를 한 대 렌트하고 싶습니다.

꾸알 에스 라 따리파
¿Cuál es la tarifa?

요금이 어떻게 되나요?

아끼 띠에네 엘 까르넫 데 꼰두씨르
Aquí tiene el carnet de conducir.

운전면허증은 여기 있습니다.

인끌루예 엘 쎄구로
¿Incluye el seguro?

보험이 포함되어 있나요?

엿보기 단어

alquilar [알낄라르] 렌트하다
tarifa [따리파] *f.* 요금
carnet de conducir [까르넫 데 꼰두씨르] *m.* 운전면허증

incluir [인끌루이르] 포함하다
seguro [쎄구로] *m.* 보험

소형차로 주세요.

Deme un   **.**

차를 한 대 렌트하고 싶습니다.

Quiero   **un coche.**

요금이 어떻게 되나요?

¿Cuál es   **?**

운전면허증은 여기 있습니다.

Aquí tiene   **.**

보험이 포함되어 있나요?

¿Incluye   **?**

꾸알 에스 라 따리파
¿Cuál es la tarifa?
요금이 어떻게 되나요?

뜨레인따 에우로스 뽀르 디아
➡ **Treinta euros por día.** 하루에 30유로입니다.

데뻰데 데 라 옵씨온
➡ **Depende de la opción.** 옵션에 따라 다릅니다.

인끌루예 엘 쎄구로
¿Incluye el seguro?
보험이 포함되어 있나요?

씨 또도 인끌루이도
➡ **Sí, todo incluido.** 네, 모두 포함되어 있습니다.

노 아이 운 꼬스떼 아디씨오날
➡ **No, hay un coste adicional.** 아니요, 추가 요금이 있습니다.

시작과 끝 질문하기

🎧 02-15

스페인에는 폭염을 피하기 위해 낮에 잠시 휴식을 취하는 '시에스타(낮잠)' 관습이 있습니다. 대도시에서는 많이 사라져가지만 여전히 시에스타를 즐기는 상점들이 있어서 오후에 잠시 문을 닫는 경우가 있기 때문에 일정에 차질이 없도록 영업시간을 한 번 더 확인해 두는 것이 좋습니다. 시간을 묻는 표현에는 공통적으로 hora라는 단어를 쓰고 어떤 행사나 행위가 일어나는 시간에 대해서 물을 때는 전치사 a도 함께 씁니다.

핵심 표현

아 께 오라 아브레

¿A qué hora abre?

몇 시에 여나요?

단어를 바꿔서 표현해 보세요.

▫ **sale** [쌀레] 출발하다

▫ **llega** [예가] 도착하다

▫ **empieza** [엠삐에싸] (공연 등이) 시작하다

▫ **termina** [떼르미나] (공연 등이) 끝나다

단어

a qué hora [아 께 오라]
몇 시에 ~

hora [오라] *f.* 시간

꽌도 · 씨에ㄹ라

¿Cuándo cierra?

언제 닫나요?

팔따 무쵸 빠라 엠뻬싸르

¿Falta mucho para empezar?

시작하려면 많이 남았나요?

끼에로 싸베르 엘 오라리오

Quiero saber el horario.

운영 시간을 알고 싶습니다.

야 쁘론또 쎄 떼르미나

¿Ya pronto se termina?

곧 끝나요?

 엿보기 단어

cierra [씨에ㄹ라] (상점 등이) 닫다
falta [팔따] (시간 등이) 남아 있다

horario [오라리오] *m.* 운영 시간
se termina [쎄 떼르미나] (무엇인가가) 끝나다 몇 시에 여나요?

¿A qué hora   ?

언제 닫나요?

¿Cuándo   ?

시작하려면 많이 남았나요?

¿   mucho para empezar?

운영 시간을 알고 싶습니다.

Quiero saber   .

곧 끝나나요?

¿Ya pronto   ?

질문과 답변은 어떤 것들이 있을까요?

아 께 오라 씨에ㄹ라
¿A qué hora cierra?

몇 시에 닫나요?

씨에ㄹ라 아 라스 디에쓰
⇒ **Cierra a las diez.**　　　　10시에 닫습니다.

아브리모스 베인띠꽈뜨로 오라스
⇒ **Abrimos veinticuatro horas.**　　우리는 24시간 영업합니다.

팔따 무쵸 빠라 엠뻬싸르
¿Falta mucho para empezar?

시작하려면 많이 남았나요?

야 엠뻬싸모스
⇒ **Ya empezamos.**　　　　이제 시작합니다.

노 뿌에도 데씨르쎌로 엑싹따멘떼
⇒ **No puedo decírselo exactamente.**

정확히 말씀드릴 수 없습니다.

스페인의 대중교통

● 기차

스페인 여행을 하면서 도시 간 이동을 할 때 많은 관광객들이 주로 선호하는 교통수단은 기차입니다. 스페인에는 다양한 종류의 기차가 있으며, 그 중 고속 열차인 AVE를 이용하면 먼 거리의 도시까지도 빠르게 이동할 수 있는 편리함이 있습니다. 스페인 기차 티켓은 출발일이 다가올수록 할인 없이 정가대로 구입해야 하기 때문에 미리 저렴한 가격으로 예매해 둘 것을 추천합니다.

● 기차표 관련 어휘

billete [비예떼]	표	llegada [예가다]	도착
tarifa [따리파]	요금	coche [꼬체]	열차 칸
ida y vuelta [이다 이 부엘따]	왕복	plaza [쁠라싸]	좌석
salida [쌀리다]	출발	número (Num.) [누메로]	번호

● 기차 좌석 등급

clase preferente [끌라쎄 쁘레페렌떼]	우등석 (넓은 좌석 + 다양한 서비스 제공)
clase turista [끌라쎄 뚜리스따]	일반석
clase turista plus [끌라쎄 뚜리스따 쁠루스]	넓은 좌석 (서비스는 제공하지 않음)

● 지하철 방향 찾기

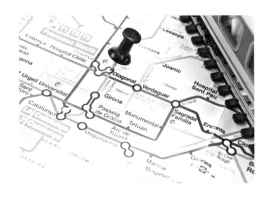

우리나라 지하철역에는 '이전 역–해당 역–다음 역' 순서로 표기되어 있어서 원하는 지하철 방향을 비교적 쉽게 파악할 수 있습니다. 그러나 스페인의 지하철역은 '이전 종착역–해당 역–다음 종착역'과 같이 양방향의 종착역만 표기되어 있으므로 지하철 방향을 모를 때는 이용할 지하철 호선의 양쪽 끝 종착역을 미리 알아본 다음, 방향을 확인하고 이용해야 합니다.

꼬모 쎄 바 아 라 쁠라싸 데 에스빠냐
A : ¿Cómo se va a la Plaza de España?

스페인 광장까지 어떻게 가나요?

또메 라 리네아 디에쓰 엔 디렉씨온 뿌에르따 델 쏠
B : Tome la línea diez(10) en dirección Puerta del Sol.

솔 광장행 10호선을 타십시오.

● 지하철 관련 어휘

andén [안덴]	승강장, 플랫폼
boca del metro [보까 델 메뜨로]	지하철 입구
vía [비아]	경로
correspondencia [꼬르레스뽄덴씨아]	환승

물건 찾기

🎧 02-17

스페인은 기념품이 될 만한 특산품이 많아서 쇼핑과 관련한 표현을 미리 알아두는 것이 좋습니다. 'Quiero comprar ~.(나는 ~을 사고 싶다.)'라는 표현을 활용해서 원하는 물건을 구입할 때 필요한 표현을 익혀 보세요.

끼에로　　　　　꼼쁘라르　　　　르레꾸에르도스

Quiero comprar **recuerdos**.

기념품 을 사고 싶습니다.

단어를 바꿔서 표현해 보세요.

▫ **un bolso de piel** [운 볼소 데 삐엘] *m.* 가죽 가방
▫ **ropa para mujeres** [르로빠 빠라 무헤레스] 여성복
▫ **ropa para niños** [르로빠 빠라 니뇨스] 아동복
▫ **ropa para hombres** [르로빠 빠라 옴브레스] 남성복

단어

quiero [끼에로] (나는) 원하다
recuerdos [르레꾸에르도스]
m. 기념품
comprar [꼼쁘라르] 사다

꾸알 에스 엘 마쓰 띠삐꼬

¿Cuál es el más típico?

가장 특색 있는 것이 어느 것입니까?

돈데 에스따 라 쎅씨온 데 꼬스메띠꼬스

¿Dónde está la sección de cosméticos?

화장품 코너가 어디에 있나요?

에스또이 부스깐도 운 뻬르푸메

Estoy buscando un perfume.

향수를 찾고 있습니다.

끼에로 운 르레갈로 빠라 무헤레스

Quiero un regalo para mujeres.

여성분을 위한 선물을 원합니다.

 엿보기 단어

típico/a [띠삐꼬/까] 특색 있는
cosméticos [꼬스메띠꼬스] *m.* 화장품

perfume [뻬르푸메] *m.* 향수
mujer [무헤르] *f.* 여성

기념품을 사고 싶습니다.

Quiero comprar   .

가장 특색 있는 것이 어느 것입니까?

¿Cuál es el más   **?**

화장품 코너가 어디에 있나요?

¿Dónde está la sección de   **?**

향수를 찾고 있습니다.

Estoy buscando   .

여성분을 위한 선물을 원합니다.

Quiero un regalo para   .

꾸알 에스 엘 마쓰 띠삐꼬
¿Cuál es el más típico?
가장 특색 있는 것이 어느 것입니까?

에스또스 쏜 무이 부에노스
➡ **Estos son muy buenos.**   여기 있는 것들이 아주 좋습니다.

레   르레꼬미엔도   에스또
➡ **Le recomiendo esto.**   이것을 추천합니다.

돈데   에스따 라   쎅씨온   데   꼬스메띠꼬스
¿Dónde está la sección de cosméticos?
화장품 코너가 어디에 있나요?

씨가   또도   르렉또   뽀르   아끼
➡ **Siga todo recto por aquí.**   이곳을 따라 직진하세요.

에스따 엔 라   에스끼나
➡ **Está en la esquina.**   코너에 있습니다.

쇼핑하기

🎧 02-19

쇼핑할 때 필요한 다양한 기본 표현을 알아둔다면 조금 더 쉽게 원하는 물건을 구매할 수 있습니다. 이 경우에는 조금 독특한 형태의 표현을 쓰는데, 구매하고자 하는 물건이 나에게 어떠한지를 표현하는 방식으로 '나에게'를 의미하는 간접 목적대명사인 me를 활용하고 동사는 구매하고자 하는 물건에 따라 변형합니다.

핵심 표현

메   께다   그란데
Me queda grande.

저한테 크네요.

단어를 바꿔서 표현해 보세요.

- pequeño/a [뻬께뇨/냐] 작은
- corto/a [꼬르또/따] 짧은
- ancho/a [안쵸/챠] 넉넉한
- largo/a [라르고/가] 긴
- estrecho/a [에스뜨레쵸/챠] 꽉 끼는
- bien [비엔] 괜찮은, 좋은, 잘

단어

me [메] 나에게
queda [께다]
(무언가가) ~하게 어울리다
grande [그란데] 큰

뿌에도　베르　에스또

¿Puedo ver esto?

이것을 좀 볼 수 있습니까?

미　따야 에스　메디아나

Mi talla es mediana.

제 사이즈는 미디엄입니다.

뿌에도　쁘로바르멜로

¿Puedo probármelo?

입어봐도 되나요?

메　예보　에스또

Me llevo esto.

이것으로 할게요.

 엿보기 단어

ver [베르] 보다

mediana [메디아나] 미디엄 (M)

probármelo [쁘로바르멜로] (내가 그것을) 입어보다 저한테 크네요.

Me queda   **.**

이것을 좀 볼 수 있습니까?

¿Puedo   **esto?**

제 사이즈는 미디엄입니다.

Mi talla es   **.**

입어봐도 되나요?

¿Puedo   **?**

이것으로 할게요.

Me llevo   **.**

뿌에도　베르 에스또
¿Puedo ver esto?
이것을 좀 볼 수 있습니까?

뽀르　수뿌에스또
➡ **Por supuesto.**　　　　　　물론입니다.

노　떼네모스　라　무에스뜨라
➡ **No tenemos la muestra.**　　저희는 샘플이 없습니다.

뿌에도　쁘로바르멜로
¿Puedo probármelo?
입어봐도 되나요?

끌라로　뽀르　아끼
➡ **Claro. Por aquí.**　　　　물론이죠. 이쪽입니다.

씨　뻬로　띠에네　께　아쎄르　꼴라
➡ **Sí, pero tiene que hacer cola.**　네, 하지만 줄을 서야 합니다.

계산하기

🎧 02-21

스페인은 택스리펀(세금 환급)이 가능한 나라로 상점에서 물건을 구매하면서 계산과 동시에 관련 서류를 요청해야 하며, 물건을 구매하는 과정에서 선물 포장과 같이 추가로 필요한 사항을 요청하는 경우도 있습니다. 계산할 때 필요한 표현 중, 카드나 달러 등으로 결제가 가능한지를 묻는 표현으로 '¿Se acepta ~?'를 활용한 표현들을 익혀 보세요.

핵심 표현

쎄 　 아쎕따 　 따르헤따

¿Se acepta tarjeta?

카드 를 받나요?

단어를 바꿔서 표현해 보세요.

▫ **efectivo** [에펙띠보] *m.* 현금

▫ **dólar** [돌라르] *m.* 달러

단어

se acepta [쎄 아쎕따]
(~이/가) 허용되다

tarjeta [따르헤따] *f.* 카드

메 다 우나 볼사 뽀르 파보르
¿Me da una bolsa, por favor?

봉투를 하나 주실래요?

노 아이 데스꾸엔또
¿No hay descuento?

할인은 없나요?

에스 에스떼 엘 쁘레씨오 르레바하도
¿Es este el precio rebajado?

이것은 할인된 가격인가요?

데메 엘 르레씨보 뽀르 파보르
Deme el recibo, por favor.

영수증 주십시오.

 **엿보기 단어**

bolsa [볼사] *f.* 봉투   rebajado/a [르레바하도/다] 할인된
descuento [데스꾸엔또] *m.* 할인   recibo [르레씨보] *m.* 영수증

카드를 받나요?

¿Se acepta   **?**

봉투를 하나 주실래요?

¿Me da   **, por favor?**

할인은 없나요?

¿No hay   **?**

이것은 할인된 가격인가요?

¿Es este el precio   **?**

영수증 주십시오.

Deme   **, por favor.**

쎄 아쎕따 따르헤따
¿Se acepta tarjeta?
카드를 받나요?

씨 라 아쎕따모스
➡ **Sí, la aceptamos.**　　　　　네, 저희는 카드를 받습니다.

노 쏠로 에펙띠보
➡ **No. Solo efectivo.**　　　　아니요. 현금만 받습니다.

에스 에스떼 엘 쁘레씨오 르레바하도
¿Es este el precio rebajado?
이것은 할인된 가격인가요?

씨 에소 에스
➡ **Sí, eso es.**　　　　네, 그렇습니다.

노 노 떼네모스 데스꾸엔또
➡ **No, no tenemos descuento.**　아니요, 저희는 할인을 하지 않습니다.

교환 및 환불하기

🎧 02-23

구매한 물건이 마음에 들지 않거나, 이상이 있는 경우에는 교환이나 환불을 해야 합니다. 스페인 대부분의 상점에서는 구매 영수증이 있다면 특별한 경우를 제외하고는 교환 및 환불이 가능합니다. quiero(나는 원하다) 동사를 활용해서 교환 및 환불에 필요한 표현을 익혀 보세요.

핵심 표현

끼에로　　　　깜비아르　　　에스또

Quiero cambiar esto.

이것을 교환하고 싶습니다.

단어를 바꿔서 표현해 보세요.

▫ **reembolsar** [르레엠볼사르] 환불하다

▫ **reparar** [르레빠라르] 수리하다

단어

cambiar [깜비아르] 교환하다

아끼 아이 운 데펙또
Aquí hay un defecto.
여기 흠집이 있습니다.

노 에스 로 께 끼에로
No es lo que quiero.
제가 원하는 게 아니네요.

에스 뽀씨블레 운 르레엠볼소
¿Es posible un reembolso?
환불이 가능합니까?

꽌또 띠엠뽀 뗑고 빠라 깜비아를로
¿Cuánto tiempo tengo para cambiarlo?
교환 기간이 얼마나 있습니까?

 **엿보기 단어**

defecto [데펙또] *m.* 흠집　　　　　tiempo [띠엠뽀] *m.* 시간, 때, 날씨
posible [뽀씨블레] 가능한

이것을 교환하고 싶습니다.

Quiero   **esto.**

여기 흠집이 있습니다.

Aquí hay   **.**

제가 원하는 게 아니네요.

No es lo que   **.**

환불이 가능합니까?

¿Es   **un reembolso?**

교환 기간이 얼마나 있습니까?

¿Cuánto tiempo tengo para   **?**

에스 뽀씨블레 운 르레엠볼소
¿Es posible un reembolso?

환불이 가능합니까?

씨 띠에네 엘 르레씨보
➡ Sí. ¿Tiene el recibo?

네. 영수증을 가지고 있으십니까?

로 씨엔또 뻬로 노 에스 뽀씨블레
➡ Lo siento pero no es posible.

죄송합니다만 불가능합니다.

꽌또 띠엠뽀 뗑고 빠라 깜비아를로
¿Cuánto tiempo tengo para cambiarlo?

교환 기간이 얼마나 있습니까?

뜨레인따 디아스 꼰 엘 르레씨보
➡ Treinta días con el recibo.

영수증과 함께 30일입니다.

노 아드미떼 깜비오쓰 니 르레엠볼소스
➡ No admite cambios ni reembolsos.

교환 및 환불 불가입니다.

스페인의 화폐와 숫자 표기법

● 화폐 단위

스페인은 유럽 연합에 속한 국가이며, 화폐 단위는 '유로(€)'입니다. 스페인어로는 euro [에우로]라고 말하며, 판매하는 모든 물건의 가격은 euro와 céntimo [쎈띠모]로 구성되어 있습니다. 흔히 잘 알고 있는 미국의 물건 가격 표기에서 달러에 해당하는 부분이 euro이고 센트에 해당하는 부분이 céntimo입니다.

씽꼬 에우로스
5,00€ = cinco euros

도스 에우로스 꼰 씽꾸엔따 쎈띠모스
2,50€ = dos euros con cincuenta céntimos

(줄여서 'dos con cincuenta [도스 꼰 씽꾸엔따]'로도 많이 씁니다.)

● 숫자 표기 방법

스페인의 숫자 표기 방법은 우리나라와 조금 다른 방식을 사용합니다. 1,000~9,999까지의 숫자는 모두 붙여서 사용하며, 그 이상의 숫자부터는 세 자리씩 띄어쓰기를 합니다. 또한, 소수점을 표기할 때도 마침표(.) 대신 쉼표(,)로 소수점을 표기합니다. 혼동하기 쉬운 부분이므로 주의해 주세요.

소수점 표기 방법 : 0,50

1,000~9,999까지는 붙여쓰기 : 2500

숫자 만(10,000) 이상부터는 세 자리씩 띄어쓰기 : 450 000

스페인의 바겐세일

스페인 거리를 지나다 보면 상점들 앞에 자주 보이는 문구들이 있습니다. 바로 바겐세일 (**rebajas**[르레바하스])을 알리는 문구입니다. 스페인 상점들은 1년 중 1~2월, 7~8월에 대부분 세일을 합니다. 보통 3번의 기간으로 나누어 할인율을 다르게 적용하여 판매하기 때문에 세일 기간을 잘 이용하면 좋은 상품을 저렴하게 구입할 수 있습니다. 마지막 세일 기간에는 할인율이 가장 높기 때문에 대부분의 사이즈와 품목이 조기 품절되는 경우가 많습니다.

- **primeras rebajas**[쁘리메라스 르레바하스] : 세일 시작 기간 (할인율 : 5~10%)
- **segundas rebajas**[쎄군다스 르레바하스] : 두 번째 세일 기간 (할인율 : 10~15%)
- **terceras rebajas**[떼르쎄라스 르레바하스] : 마지막 세일 기간 (할인율 : 30% 이상)

● 2×1 : 2개 구매 시 1개 가격으로 제공

스페인 상점에서 흔히 볼 수 있는 '2×1[도스 뽀르 우노]'는 독특한 할인 방식을 제공합니다. 우리나라의 하나 사면 하나 더 주는 '1+1'처럼 생각할 수 있지만, 2개의 물건 중 높은 금액인 1개의 가격만 지불하면 2개를 다 가져갈 수 있다는 의미입니다. 만약 스페인어가 서툴다면, 점원에게 확실하게 물어보고 구매하는 것도 좋은 방법입니다.

에스 도스 뽀르 우노
¿Es dos por uno? 2개 구입 시 1개 가격만 지불합니까?

음식점 이용하기

🎧 02-25

스페인은 하루에 다섯 끼를 먹는다는 말이 있습니다. 그만큼 맛있는 음식도 많고 식문화도 잘 발달되어 있습니다. 인터넷 검색을 통해 찾은 맛집에서 먹어보고 싶은 음식을 맛볼 수 있는지 물어보고 싶을 때는 '가지고 있다'를 의미하는 동사 tener[떼네르]를 tienen[띠에넨]으로 변형시켜서 활용할 수 있습니다.

★★★★★

 핵심 표현

띠에넨　　빠에야

¿Tienen paella?

빠에야 있나요?

단어를 바꿔서 표현해 보세요.

▫ pizza [삐싸] *f.* 피자

▫ sangría [쌍그리아] *f.* 상그리아

▫ cebiche [쎄비체] *m.* 쎄비체 (회 샐러드)

▫ flan [플란] *m.* 플란 (푸딩)

▫ mojito [모히또] *m.* 모히토

단어

tienen [띠에넨]
(상점이) 가지고 있다
paella [빠에야]
f. 빠에야 (스페인식 볶음밥)

아이 씨띠오 빠라 도스 뻬르쏘나스
¿Hay sitio para dos personas?

두 명이 앉을 자리가 있습니까?

끼에로 쎈따르메 푸에라
Quiero sentarme fuera.

바깥에 앉고 싶습니다.

라 까르따 뽀르 파보르
La carta, por favor.

메뉴판 주세요.

띠에넨 라 까르따 엔 잉글레쓰
¿Tienen la carta en inglés?

영어로 된 메뉴판이 있습니까?

 **엿보기 단어**

sitio [씨띠오] *m.* 자리, 공간   carta [까르따] *f.* 메뉴판

fuera [푸에라] 바깥에   en inglés [엔 잉글레쓰] 영어로 된

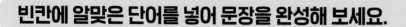

빠에야 있나요?

¿Tienen   ?

두 명이 앉을 자리가 있습니까?

¿Hay   para dos personas?

바깥에 앉고 싶습니다.

Quiero sentarme   .

메뉴판 주세요.

**   , por favor.**

영어로 된 메뉴판이 있습니까?

¿Tienen la carta   ?

질문과 답변은 어떤 것들이 있을까요?

아이 씨띠오 빠라 도스 뻬르쏘나스
¿Hay sitio para dos personas?
두 명이 앉을 자리가 있습니까?

씨 뽀르 아끼
→ **Sí, por aquí.**　　　　　　네, 이쪽입니다.

띠에네 께 에스뻬라르
→ **Tiene que esperar.**　　　기다리셔야 합니다.

띠에넨 라 까르따 엔 잉글레쓰
¿Tienen la carta en inglés?
영어로 된 메뉴판이 있습니까?

아오라 쎄 라 뜨라이고
→ **Ahora se la traigo.**　　　지금 가져다드릴게요.

노 떼네모스 쏠로 엔 에스빠뇰
→ **No, tenemos solo en español.** 아니요, 스페인어로만 있습니다.

주문하기

🎧 02-27

레스토랑이나 음식점에서 음식을 주문하는 것은 필수 표현 중 하나입니다. 이때 '나는 원하다'라는 의미를 가진 단어 **quiero**를 유용하게 활용할 수 있습니다. **quiero** 뒤에 주문할 음식 이름을 넣으면 '나는 ~을/를 원하다'라는 의미가 되며, 의역하면 '~을/를 주세요'라는 의미로 이해할 수 있습니다.

핵심 표현

끼에로　　　운　　　보까디요
Quiero un bocadillo.

나는 샌드위치 를 원합니다.

단어를 바꿔서 표현해 보세요.

- una ensalada [우나 엔쌀라다] *f.* 샐러드
- jamón [하몬] *m.* 하몽 (스페인식 생햄)
- una sopa [우나 쏘빠] *f.* 수프
- una paella [우나 빠에야] *f.* 빠에야 (스페인식 볶음밥)

단어

bocadillo [보까디요]
m. (스페인식) 샌드위치

Tip 위 단어들 앞에 있는 **un**과 **una**는 부정관사입니다. 남성 단수 명사 앞에는 **un**을 쓰고, 여성 단수 명사 앞에는 **una**를 써서 '하나의'라는 의미를 나타냅니다.

꾸알 에스 엘 메누 델 디아
¿Cuál es el menú del día?
오늘의 메뉴는 무엇입니까?

꾸알 에스 라 에스뻬씨알리닫 데 아끼
¿Cuál es la especialidad de aquí?
여기서 가장 특별한 것은 무엇입니까?

에스떼 에스 빠라 도스 뻬르쏘나스
¿Este es para dos personas?
이것은 2인분입니까?

보이 아 뻬디르 마쓰 따르데
Voy a pedir más tarde.
잠시 뒤에 주문할게요.

 엿보기 단어

menú del día [메누 델 디아] *m.* 오늘의 메뉴

especialidad [에스뻬씨알리닫] *f.* 전문, 특기

dos [도스] (숫자) 2

pedir [뻬디르] 주문하다

나는 샌드위치를 원합니다.

Quiero   .

오늘의 메뉴는 무엇입니까?

¿Cuál es   **?**

여기서 가장 특별한 것은 무엇입니까?

¿Cuál es   **de aquí?**

이것은 2인분입니까?

¿Este es para   **personas?**

잠시 뒤에 주문할게요.

Voy a   **más tarde.**

꾸알 에스 라　　에스뻬씨알리닫　 데　 아끼
¿Cuál es la especialidad de aquí?

여기서 가장 특별한 것은 무엇입니까?

레　　 르레꼬미엔도　　 뻬스까도
➡ Le recomiendo pescado.　　　　　저는 생선 종류를 추천합니다.

또도스　 쏜　 부에노스
➡ Todos son buenos.　　　　　　　다 좋습니다.

에스떼 에스 빠라　 도스　 뻬르쏘나스
¿Este es para dos personas?

이것은 2인분입니까?

씨　 빠라　도스　 뻬르쏘나스
➡ Sí, para dos personas.　　　　　네, 2인분입니다.

노　 쏠로　 빠라　 우나　 뻬르쏘나
➡ No, solo para una persona.　　아니요, 1인분입니다.

추가 요청하기

🎧 02-29

más는 '더, 보다 많이'라는 뜻을 가진 단어입니다. 식사 중 냅킨 또는 물이 필요하거나 식사 도구 등을 추가로 요청할 때 유용하게 쓰이는 단어입니다. 「más+요청 단어+por favor」와 같은 구조로 '~ 더 주세요'라는 표현을 만들 수 있습니다.

마쓰 　 아구아 　 뽀르 　 파보르
Más agua, por favor.

물 더 주세요.

단어를 바꿔서 표현해 보세요.

- pan [빤] *m.* 빵
- tenedores [떼네도레스] *m.* 포크
- servilletas [쎄르비예따스] *f.* 냅킨
- vasos [바소스] *m.* 컵
- cucharas [꾸차라스] *f.* 숟가락
- cerveza [쎄르베싸] *f.* 맥주

단어

más [마쓰] 더, 보다 많이
agua [아구아] *f.* 물
por favor [뽀르 파보르]
~ 주세요

쏠로　　끼에로　　마쓰　이엘로
Solo quiero más hielo.

얼음만 더 원합니다.

메　로　　깔리엔따　　뽀르　　파보르
¿Me lo calienta, por favor?

데워 주시겠습니까?

에스　에스또　그라띠스
¿Es esto gratis?

이것은 무료입니까?

께　아이　데　　뽀스뜨레
¿Qué hay de postre?

후식으로는 무엇이 있습니까?

 엿보기 단어

hielo [이엘로] *m.* 얼음
calienta [깔리엔따] (음식 등을) 데우다

gratis [그라띠스] 무료의
postre [뽀스뜨레] *m.* 후식

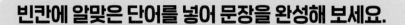

물 더 주세요.

Más , por favor.

얼음만 더 원합니다.

Solo quiero más .

데워 주시겠습니까?

¿Me lo , por favor?

이것은 무료입니까?

¿Es esto ?

후식으로는 무엇이 있습니까?

¿Qué hay de ?

에스 에스또 그라띠스
¿Es esto gratis?
이것은 무료입니까?

끌라로 께 씨
➡ **Claro que sí.**   물론입니다.

노 띠에네 께 빠가를로
➡ **No, tiene que pagarlo.**   아니요, 지불하셔야 합니다.

께 아이 데 뽀스뜨레
¿Qué hay de postre?
후식으로는 무엇이 있습니까?

쏠로 떼네모스 따르따
➡ **Solo tenemos tarta.**   타르트만 있습니다.

떼네모스 엘라도 푸루따 이 플란
➡ **Tenemos helado, fruta y flan.**

저희는 아이스크림, 과일, 그리고 플란(푸딩)이 있습니다.

패스트푸드점 & 카페 이용하기

🎧 02-31

패스트푸드점 및 카페를 이용할 때는 레스토랑이나 음식점에서 간결한 표현으로도 주문이 가능합니다. 특히 '테이크아웃' 여부에 관한 표현은 패스트푸드점 및 카페에서 공통적으로 많이 쓰는 표현입니다. 스페인어로 '테이크아웃'은 '가지고 가다'를 의미하는 llevar 동사를 활용합니다.

 핵심 표현

빠라　　　예바르　　　뽀르　　　파보르

Para llevar, por favor.

테이크아웃 으로 할게요.

단어를 바꿔서 표현해 보세요.

▫ **comer aquí** [꼬메르 아끼] 매장에서 먹기

▫ **servicio a domicilio**

　[쎄르비씨오 아 도미씰리오] 배달

단어

para [빠라] ～하기 위해
llevar [예바르] 가지고 가다

끼에로　엘　꼼보　　누메로　　뜨레스
Quiero el combo número tres.

3번 세트 메뉴를 원합니다.

메　르레예나　에스또　뽀르　파보르
¿Me rellena esto, por favor?

이것을 리필해 주시겠습니까?

노　레　뽕가　　나따　뽀르　파보르
No le ponga nata, por favor.

생크림은 올리지 마세요.

께　베비다스　씬　　알꼴　아이
¿Qué bebidas sin alcohol hay?

무알코올 음료로는 무엇이 있습니까?

 **엿보기 단어**

tres [뜨레스] (숫자) 3

rellena [르레예나] (무언가를) 다시 채우다, 리필

nata [나따] *f.* 생크림

sin alcohol [씬 알꼴] 무알코올

테이크아웃으로 할게요.

Para _____, **por favor.**

3번 세트 메뉴를 원합니다.

Quiero el combo número _____.

이것을 리필해 주시겠습니까?

¿Me _____ **esto, por favor?**

생크림은 올리지 마세요.

No le ponga _____, **por favor.**

무알코올 음료로는 무엇이 있습니까?

¿Qué bebidas _____ **hay?**

메　르레예나　에스또　뽀르　파보르
¿Me rellena esto, por favor?

이것을 리필해 주시겠습니까?

끌라로　께 씨
➡ **Claro que sí.**　　　　　　　　물론입니다.

에스　아우또쎄르비씨오
➡ **Es autoservicio.**　　　　　　　셀프서비스입니다.

께　베비다스　씬　알꼴　아이
¿Qué bebidas sin alcohol hay?

무알코올 음료로는 무엇이 있습니까?

로　씨엔또　노　떼네모스
➡ **Lo siento, no tenemos.**　　　죄송합니다만, 저희는 없습니다.

떼네모스　쌍그리아　씬　알꼴
➡ **Tenemos sangría sin alcohol.**

저희는 무알코올 상그리아가 있습니다.

스페인의 독특한 메뉴판

스페인 레스토랑에서는 '오늘의 메뉴'를 쉽게 만날 수 있습니다. '전채요리＋메인 요리＋후식'을 각각 하나씩 선택한 후, 음료와 빵을 곁들인 세트메뉴를 저렴한 가격에 제공하는 방식입니다. 레스토랑마다 다양한 방식으로 '오늘의 메뉴'를 제공하므로 메뉴판을 잘 이해해야 원하는 음식을 주문할 수 있습니다. 좋은 가격에 맛있는 음식을 다양하게 맛볼 수 있는 기회를 놓치지 마세요.

menú del día [메누 델 디아]	오늘의 메뉴
1º = primer plato [쁘리메르 쁠라또]	전채요리 (주로 수프, 샐러드)
2º = segundo plato [쎄군도 쁠라또]	메인 요리
3 platos a elegir [뜨레스 쁠라또스 아 엘레히르]	3개 메뉴 중 선택
pan [빤]	빵
bebida [베비다]	음료
postre casero [뽀스뜨레 까세로]	홈메이드 후식
IVA incluido [이바 인끌루이도]	부가가치세 포함

스페인의 추천 음식

- **paella** [빠에야] 스페인식 볶음밥
- **paella de marisco** [빠에야 데 마리스꼬] 해산물 볶음밥
- **paella negra** [빠에야 네그라] 오징어 먹물 볶음밥
- **paella valenciana** [빠에야 발렌씨아나]
  발렌시아식 볶음밥 (전통 빠에야)

↳ 빠에야 : 스페인식 볶음밥

- **gazpacho** [가스빠쵸] 차가운 토마토 수프

토마토, 식초, 양파, 오이 등을 갈아서 차갑게 제공하는 수프로 안달루시아 지방에서 주로 먹는 건강식 수프입니다.

- **bocadillo** [보까디요] 스페인식 샌드위치

이미 알려진 샌드위치와 다르게 바게트 빵 사이에 하몽(스페인식 생햄), 올리브유, 치즈 등을 넣은 스페인 사람들의 간식입니다.

- **churros** [츄ㄹ로스] 추로스
- **churros con chocolate**
  [츄ㄹ로스 꼰 쵸꼴라떼] 따뜻한 초콜릿을 곁들인 추로스

추로스는 설탕을 입히지 않은 것이 일반적이며, 스페인 사람들이 즐겨 먹는 아침 식사 중 하나입니다.

관광 안내소 이용하기

🎧 02-33

스페인의 주요 관광지 주변에서는 관광 안내소를 쉽게 찾을 수 있습니다. 요즘은 스마트폰의 활용도가 높아 예전만큼은 아니지만 여전히 관광 안내소를 잘 이용하면 다양한 정보를 얻을 수 있습니다. '~이/가 있다'를 의미하는 **hay** 동사를 활용해서 내가 얻고자 하는 정보나 여행 자료가 있는지를 묻는 표현을 익혀 보세요.

핵심 표현

네쎄씨또　　　　인포르마씨온　　　　뚜리스띠까

Necesito **información turística**.

관광 정보 가 필요해요.

단어를 바꿔서 표현해 보세요.

- **un folleto** [운 포예또] *m.* 팸플릿
- **un plano de metro** [운 쁠라노 데 메뜨로]
  m. 지하철 노선도
- **un cupón** [운 꾸뽄] *m.* 쿠폰

단어

necesito [네쎄씨또]
(내가) 필요하다
información turística
[인포르마씨온 뚜리스띠까]
f. 관광 정보

아이　알군　루가르　빠라　비씨따르
¿Hay algún lugar para visitar?
방문할만한 장소가 있습니까?

꾸알　에스 엘 마쓰　파모소
¿Cuál es el más famoso?
가장 유명한 것은 무엇입니까?

아이　비씨따스　뚜리스띠까스　엔　꼬레아노
¿Hay visitas turísticas en coreano?
한국어로 진행하는 관광 투어가 있습니까?

꾸알　에스 엘　놈브레　데 라　까예
¿Cuál es el nombre de la calle?
이 길의 이름이 무엇입니까?

 **엿보기 단어**

lugar [루가르] *m.* 장소   coreano [꼬레아노] *m.* 한국어
famoso [파모소] 유명한   nombre [놈브레] *m.* 이름

관광 정보가 필요해요.

Necesito   .

방문할만한 장소가 있습니까?

¿Hay algún   **para visitar?**

가장 유명한 것은 무엇입니까?

¿Cuál es el más   **?**

한국어로 진행하는 관광 투어가 있습니까?

¿Hay visitas turísticas en   **?**

이 길의 이름이 무엇입니까?

¿Cuál es   **de la calle?**

아이　알군　루가르　빠라　비씨따르
¿Hay algún lugar para visitar?
방문할만한 장소가 있습니까?

레　르레꼬미엔도　엘　빠르께　구엘
➡ **Le recomiendo el Parque Güell.**　구엘공원을 추천합니다.

께　레　빠레쎄　라　쁠라싸　마요르
➡ **¿Qué le parece la Plaza Mayor?**　마요르 광장은 어떻습니까?

아이　비씨따스　뚜리스띠까스　엔　꼬레아노
¿Hay visitas turísticas en coreano?
한국어로 진행하는 관광 투어가 있습니까?

씨　이끼　에스따　엘　포예또
➡ **Sí, aquí está el folleto.**　네, 여기 팸플릿이 있습니다.

노　쏠로　아이　엔　잉글레쓰
➡ **No, solo hay en inglés.**　아니요, 영어로만 있습니다.

Unit 18

관광하기

스페인은 다양한 관광지가 있습니다. 박물관, 성당, 플라멩코 공연장 등 다양한 공연과 시설 등을 이용할 때 필요한 여러 가지 질문들을 해야 하는 경우, 스페인어로 '필요하다'를 의미하는 necesitar[네쎄씨따르] 동사를 활용해서 표현할 수 있습니다. 이때, 여권이나 예매권, 영수증 등이 필요한 지를 물을 때는 se necesita[쎄 네쎄씨따]로 변형해서 표현합니다.

★★★★★
핵심 표현

쎄　　네쎄씨따　　　빠싸뽀르떼

¿Se necesita pasaporte?

여권 이 필요합니까?

단어를 바꿔서 표현해 보세요.

- reservación [르레세르바씨온] *f.* 예약
- depósito [데뽀씨또] *m.* 보증금

단어

se necesita [쎄 네쎄씨따]
(~을/를) 필요로 하다
pasaporte [빠싸뽀르떼]
m. 여권

아 께 오라 엠삐에싸 라 엑쓰꾸르씨온

¿A qué hora empieza la excursión?

투어는 몇 시에 시작합니까?

도스 엔뜨라다스 뽀르 파보르

Dos entradas, por favor.

입장권 2장 주세요.

꽌또 두라 라 비씨따

¿Cuánto dura la visita?

관람은 얼마나 걸립니까?

께 에끼뽀스 에스딴 후간도

¿Qué equipos están jugando?

어떤 팀들이 경기를 하고 있습니까?

 **엿보기 단어**

---

excursión [엑쓰꾸르씨온] *f.* 투어   visita [비씨따] *f.* 관람
entrada [엔뜨라다] *f.* 입장권   equipo [에끼뽀] *m.* 팀, 그룹

여권이 필요합니까?

¿Se necesita   ?

투어는 몇 시에 시작합니까?

¿A qué hora empieza   ?

입장권 2장 주세요.

Dos   , por favor.

관람은 얼마나 걸립니까?

¿Cuánto dura   ?

어떤 팀들이 경기를 하고 있습니까?

¿Qué   están jugando?

아 께 오라 엠삐에싸 라 엑쓰꾸르씨온
¿A qué hora empieza la excursión?
투어는 몇 시에 시작합니까?

엠삐에싸 아 라스 누에베
➡ **Empieza a las nueve.**　　　　9시에 시작합니다.

데뻰데 데 라 엑쓰꾸르씨온
➡ **Depende de la excursión.**　　　투어에 따라 다릅니다.

꽌또 두라 라 비씨따
¿Cuánto dura la visita?
관람은 얼마나 걸립니까?

두라 운 꽈르또 델 디아
➡ **Dura un cuarto del día.**　　　반나절 걸립니다.

노 로 쎄 엑싹따멘떼
➡ **No lo sé exactamente.**　　　저도 정확히는 모릅니다.

호텔 체크인/아웃 하기

🎧 02-37

'he reservado ~'는 '(내가) ~을/를 예약했다'라는 표현으로, 호텔이나 숙소의 체크인/아웃 시 프런트에서 많이 쓰이는 필수 표현 중 하나입니다. he reservado 뒤에 예약한 내용을 넣어서 다양한 표현을 익혀 보세요.

 핵심 표현

에   르레세르바도   우나   아비따씨온

He reservado una habitación.

방을 하나 예약했어요.

단어를 바꿔서 표현해 보세요.

▫ desayuno [데싸유노] *m.* 조식
▫ radio taxi [르라디오 딱씨] *m.* 콜택시

단어

he reservado
[에 르레세르바도]
(내가 ~을/를) 예약했다

habitación
[아비따씨온] *f.* 방

에스따 인끌루이도 엘 데싸유노

¿Está incluido el desayuno?

조식이 포함되어 있습니까?

띠에네 아비따씨온 꼰 비스따 알 마르

¿Tiene habitación con vista al mar?

바다 전망이 보이는 방이 있습니까?

끼에로 아쎄르 엘 체크아웃

Quiero hacer el check-out.

체크아웃을 하고 싶습니다.

야메 운 딱씨 빠라 엘 아에로뿌에르또

Llame un taxi para el aeropuerto.

공항까지 택시를 불러주세요.

 **엿보기 단어**

desayuno [데싸유노] *m.* 조식	**check-out** [체크아웃] *m.* 체크아웃
vista [비스따] *f.* 전망	**aeropuerto** [아에로뿌에르또] *m.* 공항

방을 하나 예약했어요.

He reservado .

조식이 포함되어 있습니까?

¿Está incluido ?

바다 전망이 보이는 방이 있습니까?

¿Tiene habitación **al mar?**

체크아웃을 하고 싶습니다.

Quiero hacer .

공항까지 택시를 불러주세요.

Llame un taxi para .

질문과 답변은 어떤 것들이 있을까요?

에스따 인끌루이도 엘 데싸유노
¿Está incluido el desayuno?

조식이 포함되어 있습니까?

씨 또도 인끌루이도
➡ **Sí, está incluido.**

네, 포함되어 있습니다.

노 도쎄 에우로스 뽀르 운 데싸유노
➡ **No. Doce euros por un desayuno.**

아니요. 조식 한 번에 12유로입니다.

띠에네 아비따씨온 꼰 비스따 알 마르
¿Tiene habitación con vista al mar?

바다 전망이 보이는 방이 있습니까?

보이 아 베르
➡ **Voy a ver.**

한 번 보겠습니다.

로 씨엔또 노 아이
➡ **Lo siento, no hay.**

죄송하지만, 없습니다.

호텔 이용하기

🎧 02-39

호텔이나 숙소를 이용할 때 요청사항이나 불편사항이 생기면 적극적으로 표현할 필요가 있습니다. '너무 ~하다'라는 표현인 'Es demasiado ~'를 활용해서 호텔 및 숙소의 서비스와 관련된 다양한 요청 및 불편사항 등을 표현해 보세요.

핵심 표현

에스　　　데마씨아도　　　르루이도싸
Es demasiado ruidosa.

너무 시끄럽습니다.

단어를 바꿔서 표현해 보세요.

▫ oscura [오스꾸라] 어두운

▫ estrecha [에스뜨레챠] 좁은

단어

es [에스] ~하다

demasiado
[데마씨아도] 너무

ruidosa
[르루이도싸] 시끄러운

뿌에도　　데뽀씨따르　로스　오브헤또스　데　발로르
¿Puedo depositar los objetos de valor?

귀중품을 보관할 수 있습니까?

노　　푼씨오나　라　　깔레팍씨온
No funciona la calefacción.

난방이 작동하지 않습니다.

우나　또아야　마쓰　뽀르　파보르
Una toalla más, por favor.

수건 한 장 더 주세요.

띠에네　우나　꾸나
¿Tiene una cuna?

아기 침대가 있습니까?

 **엿보기 단어**

objetos de valor
[오브헤또스 데 발로르] *m.* 귀중품

calefacción [깔레팍씨온] *f.* 난방

toalla [또아야] *f.* 수건

cuna [꾸나] *f.* 아기 침대

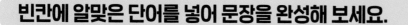

너무 시끄럽습니다.

Es demasiado _____.

귀중품을 보관할 수 있습니까?

¿Puedo depositar _____?

난방이 작동하지 않습니다.

No funciona _____.

수건 한 장 더 주세요.

_____ **más, por favor.**

아기 침대가 있습니까?

¿Tiene _____?

뿌에도　　데뽀씨따르　　로스　오브헤또스　데　발로르
¿Puedo depositar los objetos de valor?
귀중품을 보관할 수 있습니까?

씨　수　놈브레　뽀르　파보르
➡ Sí, su nombre, por favor.

네, 성함을 말씀해 주십시오.

쎄　뿌에데　우사르　라　까하　푸에르떼
➡ Se puede usar la caja fuerte.

금고를 사용하실 수 있습니다.

띠에네　우나　꾸나
¿Tiene una cuna?
아기 침대가 있습니까?

씨　아오라　쎄　라　뜨라이고
➡ Sí, ahora se la traigo.

네, 지금 가져다드리겠습니다.

씨　뻬로　아이　운　꼬스떼　아디씨오날
➡ Sí, pero hay un coste adicional.

네, 하지만 추가 요금이 있습니다.

스페인의 특별한 숙박시설과 장소

● 스페인 국영 호텔 '파라도르'

스페인서만 볼 수 있는 특별한 숙박시설 **parador**[빠라도르]는 예전의 수도원이나 성과 같은 역사적인 건물을 숙박시설로 개조하여 국가에서 운영하는 호텔입니다. 주요 도시 및 관광지에 각기 다른 모습의 파라도르가 있으며, 전망이 좋은 곳은 인기가 많아서 성수기에는 예약이 필수입니다.

＊ 추천 파라도르

- **Parador de Granada** [빠라도르 데 그라나다]
  : 알함브라 궁전 내 성 프란시스코 수도원 개조 호텔
- **Parador de Ronda** [빠라도르 데 ㄹ론다]
  : 론다의 누에보 다리 옆 협곡에 위치한 옛 시청사 개조 호텔
- **Parador de Santiago de Compostela**
  [빠라도르 데 싼띠아고 데 꼼뽀스뗄라]
  : 산티아고 데 콤포스텔라 성당 옆에 위치한 순례자들을 위한 옛 의원 건물 개조 호텔

● 순례자 전용 숙소 '알베르게'

albergue[알베르게]는 '작은 호텔'이란 뜻이지만, 특별한 의미를 가진 숙소입니다. 야고보의 유해가 있는 스페인의 북서쪽 도시인 **Santiago de Compostela**[싼띠아고 데 꼼뽀스뗄라]로 가는 '가톨릭 성지 순례길'의 마을마다 만날 수 있는 순례자 전용 숙소이기 때문입니다. 보통 잠자리와 간단한 식사만 제공하며 지친 순례자들에게 잠깐의 휴식을 제공하는 공간으로 저렴한 가격에 이용할 수 있습니다. 스페인 관광청이 판매하는 순례자 여권인 **credencial**[끄레덴씨알]을 발급받은 사람이라면 누구나 '알베르게'에서 머무를 수 있습니다.

● 장소 어휘

여행하면서 방문하게 되는 다양한 장소와 관련 어휘를 함께 익혀 보세요.

gasolinera

[가솔리네라]

f. 주유소

catedral

[까떼드랄]

f. 대성당

estación de metro

[에스따씨온 데 메뜨로]

f. 지하철역

hotel

[오뗄]

m. 호텔

supermercado

[쑤뻬르메르까도]

m. 슈퍼마켓

restaurante

[르레스따우란떼]

m. 레스토랑

aseos

[아쎄오스]

m. 화장실

museo

[무쎄오]

m. 박물관

aeropuerto

[아에로뿌에르또]

m. 공항

Unit 21

병원 & 약국 이용하기

🎧 02-41

우리나라와 마찬가지로 스페인도 의료시설이 잘 되어있는 나라 중 하나입니다. 거리에서 약국도 쉽게 찾을 수 있으며, 24시간 운영하는 약국도 있으므로 편리하게 이용할 수 있습니다. 'Me duele ~'는 '나는 ~이/가 아프다'라는 의미로 병원이나 약국에서 아픈 부위를 간단하게 설명할 수 있는 필수 표현 중 하나입니다.

핵심 표현

메   두엘레   라   까베싸
Me duele la cabeza.

머리 가 아파요.

단어를 바꿔서 표현해 보세요.

▫ **aquí** [아끼] 여기, 이곳

▫ **el estómago** [엘 에스또마고] *m.* 배, 위

▫ **la garganta** [라 가르간따] *f.* 인후

▫ **la rodilla** [라 ㄹ로디야] *f.* 무릎

▫ **la cintura** [라 씬뚜라] *f.* 허리

▫ **el cuello** [엘 꾸에요] *m.* 목

▫ **el pie** [엘 삐에] *m.* 발

단어

me duele [메 두엘레]
(나는 ~이/가) 아프다
cabeza [까베싸] *f.* 머리

노　메　씨엔또　비엔
No me siento bien.
몸이 좋지 않습니다.

네쎄씨또　에스떼　메디까멘또
Necesito este medicamento.
이 약이 필요해요.

꼬모　로　데보　또마르
¿Cómo lo debo tomar?
어떻게 복용해야 하나요?

에스　알고　쎄리오
¿Es algo serio?
심각한가요?

 엿보기 단어

medicamento [메디까멘또] *m.* 약　　　serio/a [쎄리오/아] 심각한

머리가 아파요.

Me duele _____.

몸이 좋지 않습니다.

No me siento _____.

이 약이 필요해요.

Necesito _____.

어떻게 복용해야 하나요?

¿ _____ **lo debo tomar?**

심각한가요?

¿Es algo _____ **?**

꼬모 로 데보 또마르
¿Cómo lo debo tomar?
어떻게 복용해야 하나요?

또메 도스 베쎄쓰 알 디아
➡ **Tome dos veces al día.**   하루에 2번 드십시오.

또메 우나 베쓰 알 디아 뜨레스 고따스
➡ **Tome una vez al día tres gotas.**

하루에 한 번 3방울씩 넣으십시오.

에스 알고 쎄리오
¿Es algo serio?
심각한 겁니까?

노 쏠로 띠에네 인디헤스띠온
➡ **No, solo tiene indigestión.**   아니요, 단순히 소화불량입니다.

네쎄씨따 이르 알 오스삐딸
➡ **Necesita ir al hospital.**   병원에 가셔야 합니다.

위급상황 표현하기

🎧 02-43

여행을 하면서 사고나 도난을 당하는 일이 종종 있습니다. 여행자 보험에 가입된 경우에는 작은 사건 사고를 당해도 반드시 경찰서에서 확인증을 받아야 합니다. 여행 도중겪는 여러 가지 위급상황에서 꼭 필요한 필수 표현들을 익혀 보세요.

핵심 표현

야메 아 라 뽈리씨아
¡Llame a la policía !

경찰을 불러주세요!

단어를 바꿔서 표현해 보세요.

▫ **un médico** [운 메디꼬] 의사를

▫ **una ambulancia** [우나 암불란씨아] *f.* 구급차

▫ **un taxi** [운 딱씨] *m.* 택시

▫ **la grúa** [라 그루아] *f.* 견인차

단어

llame [야메] 불러주세요
policía [뽈리씨아] *f.* 경찰

아유데메

¡Ayúdeme!

도와주세요!

엘   꼬체   에스따   아베리아도

El coche está averiado.

차가 고장 났습니다.

에   뻬르디도   엘   모빌

He perdido el móvil.

휴대폰을 잃어버렸습니다.

끼에로   데눈씨아르   운   악씨덴떼

Quiero denunciar un accidente.

사고를 신고하고 싶습니다.

 엿보기 단어

Ayúdeme [아유데메] 도와주세요

averiado [아베리아도] 고장 난

móvil [모빌] *m.* 휴대폰

accidente [악씨덴떼] *m.* 사고

경찰을 불러주세요!

¡Llame a   !

도와주세요!

¡A   !

차가 고장 났습니다.

El coche está   .

휴대폰을 잃어버렸습니다.

He perdido   .

사고를 신고하고 싶습니다.

Quiero denunciar   .

아유데메
¡Ayúdeme!
도와주세요!

께 레 빠싸
➡ **¿Qué le pasa?**   무슨 일이십니까?

에스따 우스뗀 비엔
➡ **¿Está usted bien?**   괜찮으십니까?

에 뻬르디도 엘 모빌
He perdido el móvil.
휴대폰을 잃어버렸습니다.

꽌도 이 돈데 로 뻬르디오
➡ **¿Cuándo y dónde lo perdió?**   언제, 어디서 잃어버리셨나요?

꼬모 로 에스
➡ **¿Cómo lo es?**   어떻게 생겼습니까?

항공사 카운터 이용하기

🎧 02-45

항공권을 발권하기 위해 항공사 카운터를 이용할 때는 항공권 예약 확인, 변경 및 좌석 요청과 관련한 다양한 표현들이 필요합니다. 이때도 역시 앞에서 배운 '나는 원하다'라는 의미를 가진 단어인 quiero를 유용하게 활용할 수 있습니다. 항공사 카운터에서 필요한 필수 표현들을 익혀 보세요.

 핵심 표현

끼에로　　　　꼰피르마르　　　라　　르레세르바
Quiero confirmar la reserva.

예약을　확인하고　싶습니다.

단어를 바꿔서 표현해 보세요.

▫ **cancelar** [깐쎌라르] 취소하다
▫ **cambiar** [깜비아르] 변경하다

단어

confirmar [꼰피르마르]
확인하다
reserva [르레세르바] *f.* 예약

떼고　말레따스　빠라　팍뚜라르
Tengo maletas para facturar.

부칠 가방이 있습니다.

꽌또　에스 엘　리미떼　데　뻬소
¿Cuánto es el límite de peso?

무게 제한이 얼마입니까?

뿌에도　예바르　에스또 아　보르도
¿Puedo llevar esto a bordo?

이것을 기내로 가지고 갈 수 있습니까?

미　에끼빠헤　바　디렉또　알　데스띠노　피날
¿Mi equipaje va directo al destino final?

제 수하물은 최종 목적지로 바로 갑니까?

 **엿보기 단어**

facturar [팍뚜라르] (짐을) 부치다, 위탁하다　　　**a bordo** [아 보르도] 기내로

cuánto [꽌또] 얼마나　　　**directo** [디렉또] 직행의

예약을 확인하고 싶습니다.

Quiero   **la reserva.**

부칠 가방이 있습니다.

Tengo maletas para   **.**

무게 제한이 얼마입니까?

¿   **es el límite de peso?**

이것을 기내로 가지고 갈 수 있습니까?

¿Puedo llevar esto   **?**

제 수하물은 최종 목적지로 바로 갑니까?

¿Mi equipaje va   **al destino final?**

뿌에도　예바르 에스또 아 보르도
¿Puedo llevar esto a bordo?
이것을 기내로 가지고 갈 수 있습니까?

씨　노　아이　쁘로블레마
➡ **Sí, no hay problema.**　　　　네, 문제없습니다.

띠에네　께　팍뚜라를로
➡ **Tiene que facturarlo.**　　　　위탁하셔야 합니다.

미　에끼빠헤　바　디렉또 알 데스띠노 피날
¿Mi equipaje va directo al destino final?
제 수하물은 최종 목적지로 바로 갑니까?

씨 바 아스따　인천
➡ **Sí, va hasta Incheon.**　　　　네, 인천까지 갑니다.

노　쏠로　아스따　에스따도스　우니도스
➡ **No, solo hasta Estados Unidos.**

아니요, 미국까지만 갑니다.

Unit 24

공항 이용하기

🎧 02-47

해외여행 시 필수로 이용하는 공항에서 필요한 어휘와 표현들을 미리 알아두면 조금 더 편안한 여행이 될 것입니다. 공항에서 제공하는 서비스가 많기 때문에 적극적으로 활용하면 많은 혜택을 얻을 수 있습니다. 공항에서 자주 쓰는 다양한 표현들을 익혀 보세요.

돈데   에스따   라   아두아나

¿Dónde está la aduana?

세관 이 어디에 있습니까?

단어를 바꿔서 표현해 보세요.

□ **la puerta de embarque**

[라 뿌에르따 데 엠바르께] *f.* 탑승구

□ **la recogida de equipajes**

[라 르레꼬히다 데 에끼빠헤스] *f.* 수하물 찾는 곳

단어

aduana [아두아나] *f.* 세관

엘 부엘로 바 꼰 르레뜨라소

¿El vuelo va con retraso?

비행기가 지연입니까?

돈데 아고 엘 뜨란스보르도

¿Dónde hago el transbordo?

환승은 어디서 합니까?

아고 뜨란스보르도 빠라 마드릳

Hago transbordo para Madrid.

마드리드로 환승합니다.

에 뻬르디도 엘 부엘로

He perdido el vuelo.

비행기를 놓쳤습니다.

 **엿보기 단어**

retraso [르레뜨라소] *m.* 지연, 연착   **transbordo** [뜨란스보르도] *m.* 환승

hago [아고] (나는 ~을/를) 하다   **vuelo** [부엘로] *m.* 비행기

세관이 어디에 있습니까?

¿Dónde está   ?

비행기가 지연입니까?

¿El vuelo va con   ?

환승은 어디서 합니까?

¿Dónde hago   ?

마드리드로 환승합니다.

              transbordo para Madrid.

비행기를 놓쳤습니다.

He perdido   .

엘 부엘로 바 꼰 르레뜨라소
¿El vuelo va con retraso?

비행기가 지연입니까?

노 쌀드라 아 띠엠뽀
➡ No, saldrá a tiempo.

아니요, 제시간에 출발할 예정입니다.

씨 마쓰 오 메노스 메디아 오라
➡ Sí, más o menos media hora.

네, 30분 정도입니다.

돈데 아고 엘 뜨란스보르도
¿Dónde hago el transbordo?

환승은 어디서 합니까?

씨가 또도 르렉또
➡ Siga todo recto.

직진하십시오.

바야 아바호
➡ Vaya abajo.

아래층으로 가십시오.

스페인의 약국

● 24시간 약국

스페인에는 야간 및 공휴일에도 쉬지 않고 24시간 운영하는 약국이 있습니다. 그러나 모든 약국에 해당하는 것은 아니므로 주변의 약국이나 편의점에서 24시간 운영하는 약국의 위치를 미리 확인해 두는 것이 좋습니다. 약국 안내 홈페이지를 이용해서 정보를 얻는 것도 좋은 방법입니다.

※ 24시간 운영 약국 안내 홈페이지 : www.farmacias.es

● 약국 관련 어휘

digestivo [디헤스띠보]	소화제
aspirina [아스삐리나]	아스피린
parche [빠르체]	파스, 패치
tirita [띠리따]	밴드
antidiarreico [안띠디아르레이꼬]	지사제

실제 약국에 가서 필요한 약 이름 뒤에 'por favor'만 붙여서 약을 구매할 수 있습니다.

우나 　아스삐리나 　뽀르 　파보르
▫ **Una aspirina, por favor.** 아스피린 하나 주세요.

우나 　띠리따 　뽀르 　파보르
▫ **Una tirita, por favor.** 　밴드 하나 주세요.

긴급 상황 대처법

● 응급 상황

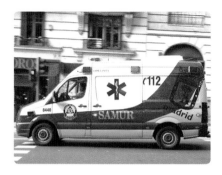

스페인은 응급 상황이 발생했을 때, 긴급 전화(112)를 통해서 구급차를 이용하여 병원까지 이송하는 것이 무료입니다. 그러나 응급실로 가더라도 곧바로 진료를 볼 수 없고 순번을 기다려야 하는 경우가 많습니다. 한국에서 여행자 보험을 가입한 경우라면, 병원 치료 후 영수증과 진단서 또는 소견서를 반드시 발급받아야 추후 보험 혜택을 받을 수 있습니다.

▫ **certificado médico** [쎄르띠피까도 메디꼬] 진단서
▫ **recibo** [르레씨보] 영수증

● 소매치기 대처법

스페인은 치안이 좋은 편에 속하는 나라지만 바르셀로나와 같은 대도시에서는 관광객을 노리는 소매치기들이 많아서 항상 주의가 필요합니다. 여행 도중 불미스러운 일을 당하지 않도록 여러 유형의 소매치기 방법을 미리 알아두는 것을 추천합니다.

① 광장 및 길가에 위치한 레스토랑과 노천카페의 테이블 위에 올려놓은 휴대폰이나 지갑 등을 노리고, 간단한 설문 형태의 도움을 요청하는 척 다가와서 소지품을 훔쳐 가는 경우

② 일부러 몰래 오물을 투척한 후, 도움을 주는 척하면서 주머니 속 소지품을 훔쳐 가는 경우

③ 캐리어를 들어주는 척 다가와서 소지품을 훔쳐 가는 경우

스페인 지도

Asturias
아스투리아스

Cantabria
칸타브리아

País Vasco
바스크

Navarra
나바라

Galicia
갈리시아

La Rioja
라 리오하

Castilla y León
카스티야 이 레온

Aragón
아라곤

Cataluña
카탈루냐

Madrid
마드리드

Extremadura
에스트레마두라

Castilla La Mancha
카스티야 라 만차

Valencia
발렌시아

Islas Baleares
발레아레스 섬

Murcia
무르시아

Andalucía
안달루시아

Islas Canarias
카나리아 섬

● Ceuta
세우타

Melilla
멜리야
●

MOROCCO

− 이미지 출처 −

177p.　　　https://como-funciona.com/2x1/